2019

天府金融指数报告

（2019）

涂永红 主编

西南财经大学出版社
中国·成都

图书在版编目(CIP)数据

天府金融指数报告.2019/涂永红主编.—成都:西南财经大学出版社,2021.12
ISBN 978-7-5504-5175-9

Ⅰ.①天… Ⅱ.①涂… Ⅲ.①地方金融事业—经济发展—研究报告—成都—2019 Ⅳ.①F832.771.1

中国版本图书馆 CIP 数据核字(2021)第 239278 号

天府金融指数报告(2019)
TIANFU JINRONG ZHISHU BAOGAO(2019)
涂永红 主编

策划编辑:孙婧
责任编辑:植苗
责任校对:廖韧
封面设计:墨创文化
责任印制:朱曼丽

出版发行	西南财经大学出版社(四川省成都市光华村街 55 号)
网　　址	http://cbs.swufe.edu.cn
电子邮件	bookcj@swufe.edu.cn
邮政编码	610074
电　　话	028-87353785
照　　排	四川胜翔数码印务设计有限公司
印　　刷	四川新财印务有限公司
成品尺寸	170mm×240mm
印　　张	9.5
字　　数	162 千字
版　　次	2021 年 12 月第 1 版
印　　次	2021 年 12 月第 1 次印刷
书　　号	ISBN 978-7-5504-5175-9
定　　价	58.00 元

编委会名单

序言

《中华人民共和国国民经济和社会发展第十四个五年规划和2035年远景目标纲要》提出，要把实施扩大内需战略同深化供给侧结构性改革有机结合起来，以创新驱动、高质量供给引领和创造新需求，加快构建以国内大循环为主体、国内国际双循环相互促进的新发展格局。金融行业不仅要让资源要素合理流动配置，还要坚持深化供给侧结构性改革，健全具有高度适应性、竞争力、普惠性的现代金融体系，构建金融有效支持实体经济的体制机制。金融中心建设是优化金融体系结构、实现金融资源合理配置、增强金融服务实体经济能力、促进地区经济平衡发展、提高我国金融国际竞争力的重要举措。实践中，上海、深圳、北京等城市定位为全球性国际金融中心，努力建设开放的现代化金融市场体系和金融机构体系，打造全球人民币资产配置高地。成都、南京、重庆等城市定位为区域性国际金融中心，构建国际领先的金融基础设施体系，加强科技金融、绿色金融、文化金融等新兴金融培育，建成辐射“一带一路”沿线区域的金融要素集散地。

作为西部地区的国家中心城市，成都正努力建设成为有国际影响力的西部金融中心。2018年4月19日，成都市出台的《关于进一步加快建设国家西部金融中心的若干意见》和《建设西部金融中心行动计划（2017—2022年）》明确提出了“到2022年，建成立足四川、服务西部、具有国际影响力的西部金融中心”的奋斗目标。成都建设金融中心的政策效果显著。天府国际基金小镇、成都知识产权交易中心、交子公园金融商务区等一批标志性项目落地发芽，自贸区试验改革和金融对外开放不断加速，以治理网贷机构为代表的系统性金融风险防控取得积极成效。2017年以来，成都在国内外金融中心指数排名中的位次明显提升。

实践的深入呼唤着理论的创新。各地金融中心建设正在如火如荼地推进，我们需要一个城市金融中心指数对各地的建设成果进行综合、全面、客观的评价，特别是反映以成都为代表的新兴金融中心的特色优势；同时，也需要从指数结果出发，总结归纳各地的建设经验，为国家金融中心建设、各地错位竞争提供科学可行的政策建议。成都市与中国人民大学联合编制的“天府金融指数”应运而生。中国人民大学是综合性研究型全国重点大学，首批“985工程”“211工程”重点建设大学，2017年首批入选国家“世界一流大学和一流学科”建设名单。中国人民大学具有国内顶尖的金融学科实力，取得了以资本市场研究、人民币国际化研究、金融科技研究为代表的一批高质量理论成果，对中国金融改革发展做出了贡献。依托中国人民大学金融学科研究优势，天府金融指数继承了传统金融指数的普遍优点，增强了绿色、科技、文化、“三农”等新兴金融业务在该指数当中的重要性。该指数既接轨国际标准又符合中国国情，既有理论来源又立足实践，还形成了基于成功经验的结论和建议，是推动中国金融体系优化改革、国家金融中心加快建设的重要理论成果。

《天府金融指数报告（2019）》是 2017 年以来连续第三次的天府金融指数发布，对 2018 年的全国 35 个中心城市的金融综合发展情况进行了评价和分析。延续一贯的特色，该指数把金融对绿色发展、科技创新、文化繁荣、乡村振兴的支持纳入评价体系，充分体现金融服务实体经济的本源特性，重视新兴金融部门的贡献。该报告根据总指数对城市综合金融实力进行排名的同时，兼顾子指数的情况，反映了不同城市金融中心的相对优势。各金融中心城市可以明确地了解自身的金融整体和局部发展现状，优化定位布局，实现错位竞争。

本期报告不仅关注城市层面的金融发展情况，而且还从全国性和区域性两个角度分析各地区具有建设金融中心潜力的城市，为其创建全国性或区域性金融中心提出个性化的政策建议。同时，报告探讨了科技创新与金融创新的结合模式，总结可复制、可推广的经验，促进各中心城市互学互鉴，提升金融竞争力。进一步地，报告分析了成都市金融综合发展情况，总结出成都在农村金融、绿色金融和金融机构方面的三大亮点，指出成都在科技金融、从业环境等方面存在的提升空间。对此，报告挖掘并总结了武汉、上海、深圳等城市在科技金融、营商环境和金融市场方面的有益经验，为成都和其他中心城市提供参考。

该报告既是对天府金融指数乃至整个金融指数理论研究的延续扩展，又是对金融中心建设经验的最新总结，推荐研究者、政策制定者、金融界人士和其他感兴趣的读者阅读。

刘元春

2021 年 9 月 30 日

前言

“金融活，经济活；金融稳，经济稳”是被党中央、国务院和习近平总书记反复提到的对于金融与经济关系的概括。金融是实体经济的血脉，为实体经济服务是金融的天职，是金融的宗旨，也是防范金融风险的根本举措。人们对金融业的认识不断加深的同时，金融在国民经济与社会发展中的支持作用也不断提升。从西部大开发、东北振兴、中部崛起、长江经济带等区域经济建设到“一带一路”建设等国际合作发展，从传统产业转型升级到新兴产业培育壮大，从支持国家战略到服务地方经济……金融无不在其中发挥着重要的作用，如提供中介服务、优化资源配置、分担风险等。这自然引发了地方城市发展金融行业的高涨热情。当前，各地发展金融服务行业的动力十足，劲头很高。许多一、二线城市基于自身区位特性与金融定位，因地制宜地提出了不同职能、不同区域和不同级别的金融中心建设规划方案，积极筹建金融中心。但是，金融资源是有限的，各地争相创建金融中心容易形成恶性竞争和“以邻为壑”的负外部性。因此，如何评价各地金融中心建设的成果和突破性进展，帮助各个城市相互了解、实现错位竞争非常重要。天府金融指数在此背景下应运而生。

我国进入高质量发展新阶段后，在新发展理念指引下，与创新驱动、绿色发展、共享发展、乡村振兴相适应的新金融业态异军突起，正在深刻改变金融发展格局。因此，天府金融指数在设计指标体系时兼顾传统金融指标和新兴金融指标，以期更好地反映各城市传统金融业态和新兴金融业态的发展动态，以便决策者有针对性地制定金融发展策略。具体来讲，传统金融主要包括金融市场、金融机构、从业环境和人力资源4个部分，新兴金融主要包括科技金融、绿色金融、文化金融和农村金融4个部分。

天府金融指数从“理论、政策、实践”3个维度进行考虑，兼顾传统与新兴金融业态，科学构建指标体系，数据来源和编制方法公开透明，具有可复制性。其秉持客观公正的原则，动态发布指数并进行比较研究，增进各个中心城市之间对金融发展的相互了解，实现错位竞争和协同发展。天府金融指数的编制选择4个直辖市、26个内地省会城市（除拉萨）和5个计划单列市，从金融市场、金融机构、从业环境、人力资源、科技金融、绿色金融、文化金融、农村金融8个维度进行评价，并选择消费金融、数字普惠金融作为观察的金融业态。

根据2019年指数得分结果，北京（78.78）、上海（64.61）、深圳（63.69）依旧占据全国金融中心排名的前三名，有着显著的领先优势，且与其他城市的差距进一步扩大，为第一梯队城市。广州（49.90）、杭州（48.34）和成都（46.36）为第二梯队城市，在不同的金融发展领域有长足进步。重庆（43.54）、南京（42.01）、武汉（40.56）、天津（39.20）为第三梯队城市，呈现出快速发展的态势。分区域来看，东部沿海地区金融基础设施良好，金融生态环境优越，抵御外界冲击的能力较强，金融发展较快。中部地区、南部地区和北部地区的金融发展水平相当，各个城市都有独特的相对比较优势。西部地区抓住“一带一路”、西部大开发等发展机遇，在一些新兴金融领域奋起直追，有长足进步。东北地区受到产业转型任务艰巨的影响，需要调整金融结构，金融发展相对滞后。

近年来，成都高质量推进国家西部金融中心建设，通过做大做强金融服务业、提升金融服务创新能力、加强金融风险防范处置，初步实现从体量规模积累向核心功能凸显、从传统金融集聚向新金融生态圈突破、从自身吸附式发展向对外开放辐射式发展三大转变。本期成都位列全国第六名，金融综合实力在西部地区领先，极具建设金融中心的潜力。与上一期相比，成都的子指数排名出现变化的有三个：从业环境从第九名升至第八名；人力资源从第五名降至第九名（主要原因在于统计口径调整，使用各个城市的实际数据）；科技金融从第六名降至第八名。金融市场、金融机构、绿色金融、文化金融、农村金融五个子指数的名次保持不变。基于成都的指数得分与排名变化，结合当地政策与实践，我们认为成都金融发展存在三大亮点：一是探索独具特色的农村金融服务综合改革模式；二是创新绿色金融产品，加快完善绿色金融体系；三是吸引多元金融机构，“资本市场”功能建设取得突破性进展。与此同时，成都金融发展也存在不足，包括科技金融的产业基础薄弱，资本市场融资潜力待进一步发挥，金融发展的营商环境和制度环境有待优化。对此，报告挖掘并总结了武汉、上海、深圳等城市在科技金融、营商环境和金融市场方面的有益经验，为成都和其他中心城市提供参考。

成都要更好地建设西部金融中心，我们认为未来成都应在如下六个方面继续努力：

一是优化农村金融生态，推动农业规模化、产业化发展。农业资源丰富的四川省在农业生产提质提效方面始终走在全国前列，然而金融资源未能大规模、高效、有序地进入农业生产领域。要提高农业综合效益，推动农业转型升级和高质量发展，成都市还需从财政、机构、产品、市场四个方面下功夫。

二是继续完善绿色金融体系，创建生态文明建设示范城市。成都市积极响应政策号召，开展多项绿色金融业务，然而与绿色金融体系构建相关的各项政策的指引力度还有待加强，对环境治理、清洁能源、生态农业等的资金支持仍以绿色信贷为主，绿色债券、绿色保险等方式使用较少，绿色融资渠道需要进一步拓宽。

三是深化金融创新，推动新兴产业集群发展。2018 年 7 月，成都市研究制定的《成都市高质量现代化产业体系建设改革攻坚计划》提出，成都市将以电子信息、装备制造、医药健康、新型材料和绿色食品产业为重点，全面推动产业集群成链发展。在电子信息等战略性新兴产业集群的形成和发展过程中，成都市应当结合制度创新与金融创新，充分发挥金融的作用，提升区域协同创新能力。

四是围绕“六稳”目标，优化金融结构，强化金融机构集聚效应。成都市围绕“稳就业、稳金融、稳外贸、稳外资、稳投资、稳预期”的目标，以新兴产业集群、现代农业为引领，全面推动高质量发展、实施高效能治理、创造高品质生活，需要优化金融结构，实现银行信贷、企业上市、保险、担保、基金、外资等多渠道有效联动，发挥金融集聚效应。

五是加强高素质金融人才储备，有序推进金融业对外开放。成都市在科技金融、农村金融、绿色金融等领域的发展离不开复合型人才的培养和引进，特别是熟悉科技型企业生命周期、集群创新发展模式与融资特点的科技金融人才，深耕农村市场、了解农业生产特点与农户需求的农村金融人才，以及思维活跃、善于创新的绿色金融人才。

六是坚守金融服务实体经济的本源，发挥“看得见的手”的保障作用。成都市经济高质量发展需要高水平的金融供给，从而对社会信用环境、法制建设、教育体系、政府政策框架提出了更高的要求。在金融体系的发展变化中，成都市只有坚守金融服务实体经济的本源，方能促进新工具、新模式发挥推动新旧动能转换和产业结构升级的正向效应。在这个过程中，政府的积极引导和坚实保障不可或缺。

报告写作分工情况

前　言：涂永红、周梓楠；

第一章：涂永红、何青、张策、甘静芸；

第二章：何青、张策、甘静芸、周梓楠、刘尔卓、徐文君、苗艺馨；

第三章：何青、周梓楠、刘尔卓、陈敏、王伦、张畅、丁子琪；

第四章：刘舫舸、周梓楠、刘尔卓、王伦、张畅、丁子琪、何青；

第五章：黄继承、王汉学、高艺玮、宫雯、刁璐、周梓楠、刘尔卓；

第六章：郭彪、涂永红；

附　录：何青、张策。

编者

2021 年 9 月 18 日

CONTENTS 目录

第一章

天府金融指数简介

第一节　编制背景

成都市在“十三五”规划中提出了“全面建成具有国际影响力的西部金融中心”的总体目标，并分解为多项可执行、能落地、有引领作用的具体规划目标。2016 年 4 月，《成渝城市群发展规划》获国务院正式批复同意，成都被赋予国家中心城市的发展定位，正式开启西部金融中心建设的征程。2017 年 8 月 22 日，成都市在香港发布了成都西部金融中心建设行动纲领，提出要建成具有国际影响力的西部金融中心。2018 年 2 月，成都召开建设国家西部金融中心大会，提出要加快建设服务治蜀兴川战略、服务国家“一带一路”建设的西部金融中心，成都的西部金融中心建设加速进入国际化新征程。2018 年 4 月 19 日，成都市正式发布《关于进一步加快建设国家西部金融中心的若干意见》和《建设西部金融中心行动计划》，这两个文件是成都为推进西部金融中心建设第一次出台的纲领性、全局性、宏观性文件，明确提出了“到 2022 年，建成立足四川、服务西部、具有国际影响力的西部金融中心”的奋斗目标。2019 年 4 月，成都市集中出台四项配套文件，从推广交子金融“5＋2”平台、扩大金融对外开放、招揽金融人才、发展金融科技四方面，提出了系列工作举措和扶持政策，进一步明晰西部金融中心建设的路径。金融发展要以服务实体经济为本源，因此成都在建设金融中心的同时，尤其重视金融对农业转型升级和高质量发展的推动作用。2019 年 8 月 6 日，中国人民银行成都分行指出，经济建设是乡村振兴之根本，要加大金融支持农村第一、第二、第三产业融合发展的力度，要紧扣“生态宜居、乡村治理”大力提升综合金融服务能力，要围绕美丽乡村，加强绿色金融发展。2019 年 9 月 30 日，成都与中国平安保险（集团）股份有限公司签订战略合作框架协议。双方将围绕金融、保险、投融资等领域开展全方位合作，助力成都加快建设西部金融中心。

除了成都，全国范围内根据公开信息涉及或者主动提出构建金融中心的城市亦不在少数，既有上海、北京、深圳这样的中心城市，也有包括东北地区的沈阳、大连、哈尔滨、长春；北部沿海地区的天津、济南、青岛、石家庄；东部沿海地区的杭州、南京、苏州、宁波、无锡、温州；南部沿海地区的广州、厦门、福州；中部地区的武汉、郑州、长沙、南昌、合肥；西部地区的成都、重庆、西安、昆明、乌鲁木齐、南宁等。但是，全国金融资源是有限的，各地争相创建金融中心容易形成恶性竞争和“以邻为壑”的负外部性。因此，如何评价各地金融中心建设的成果和突破性进展，帮助各个城市相互了解、实现错位竞争显得非常重要。天府金融指数（TFFI）在此背景下应运而生，其兼顾传统与新兴金融业态，科学构建指标体系，数据来源编制方法公开透明，具有可复制性。其秉持客观公正的原则，动态发布指数并进行比较研究，增进各个中心城市之间金融发展的互相了解，实现错位竞争和协同发展。

第二节 “理论”“政策”“实践”的编制框架

天府金融指数创造性地提出“理论”“政策”“实践”的框架，综合反映国内金融中心的建设情况。在理论方面，TFFI 的编制以金融发展理论和金融中心理论为基础，同时强调金融的“原生态”本质——服务实体经济。具体而言，金融作为经济发展的重要后勤保障，在一定条件下可以促进经济增长。功能上，金融有中介服务功能（货币兑换、资金借贷）、价值发现资源配置功能（融资方面、投资方面）、风险分担功能（股票、票据、信用证）、支持国家战略实施的功能（如通过创新促进新兴产业发展），可以直接服务于实体经济。这些都为地区发展金融业提供了理论支撑，但并非所有地区都适合发展成为金融中心。金融具有天然的集聚属性，经济聚集和区域经济中心是产生金融中心的必要前提。金融中心不止服务于当地，还会对周边经济产生辐射效应。

在政策方面，政策扶植和市场培育是中国改革开放以来经济飞速增长的经验体现，政策变化是深化改革背景下建设金融中心不可忽视的部分。近年来，我国对金融业发展和金融中心建设的政策支持力度不断加大，主要体现在以下几点：

第一，对金融业的认识不断加深。“金融活，经济活；金融稳，经济稳”是被党中央、国务院和习近平总书记反复提及的对于金融与经济关系的概括。2017 年 7 月 14 日，习近平总书记在全国金融工作会议上强调，金融是实体经济的血脉，金融制度是经济社会发展中重要的基础性制度，为实体经济服务是金融的天职和宗旨，也是防范金融风险的根本举措。2019 年 2 月 22 日，习近平总书记在主持中共中央政治局集体学习时指出，金融是国家重要的核心竞争力，金融安全是国家安全的重要组成部分，金融制度是经济社会发展中重要的基础性制度，我们应抓住完善金融服务、防范金融风险这个重点，推动金融业高质量发展。

第二，金融业的重要性不断提升。在全面建设小康社会以及市场的主体性地位不断凸显的背景下，金融业在社会经济生活中的作用不断增强。《中共中央关于制定国民经济和社会发展第十三个五年规划的建议》明确了金融业、金融服务和金融工具在坚持创新发展，着力提高发展质量和效益过程中的重要作用。不仅如此，从西部大开发、振兴东北老工业基地、中部崛起到“一带一路”国际化经济带建设，从综合改革试验区、自贸区试点到脱贫攻坚、生态建设、科技创新，金融服务伴随着国家大政方针的实施，地位不断提升，作用日渐显著。

第三，区域金融中心不断发展，金融业态不断创新。目前，各地围绕自身资源禀赋、地域特征以及自身在金融业的分工和优势，提出了不同职能、不同区域、不同级别的各类金融中心建设规划方案。在规划方案的指引下，按照各自的禀赋和要求，各类金融中心建设不断推进。党的十九大明确了坚定实施创新驱动发展战略，将创新上升为引领发展的第一动力。步入新时代，“一带一路”、长江经济带、京津冀协同发展、乡村振兴等发展新机遇为金融发展开拓了新空间，指出了新方向。近年来，包括绿色金融、普惠金融、科技金融等在内的新兴金融业态方兴未艾，以创新驱动为抓手构建现代化金融服务体系。全国多地延续和贯彻既定政策，结合当地实际，对新兴金融业态按照不同定位与发展方向，出台并实施了具体落地方案，助力地区经济发展。毋庸置疑，新兴金融业态提高了金融发展的广度和深度，拓展了创新驱动的方式方法，已成为各地争建区域金融中心的重要竞争力，是衡量地区金融发展潜力的重要指标。

第四，深化金融供给侧结构性改革，推动金融服务实体经济。2019 年 2 月 22 日，习近平总书记在主持中共中央政治局集体学习时强调，要深化对国际国内金融形势的认识，正确把握金融本质，深化金融供给侧结构性改革，平衡好稳增长和防风险的关系，精准有效处置重点领域风险，深化金融改革开放，增强金融服务实体经济能力①。2016—2018 年，我国金融改革以去杠杆、防风险、实施资管新规、严查监管套利和多层嵌套等问题为主，并取得阶段性成果。但我国金融体系仍存在三方面的供给侧结构性问题：一是金融机构和市场的发展不够完善，直接融资占比较低；二是金融机构和市场提供的金融产品有限，难以满足居民和企业的多元化和个性化需求；三是金融机构和市场提供的融资难以满足新兴产业的融资需求。在这种背景下，深化金融供给侧结构性改革尤为重要：一是贯彻落实新发展理念，强化金融服务功能，找准金融服务重点，以服务实体经济、服务人民生活为本；二是以金融体系结构调整优化为重点，加快建设多层次资本市场、丰富多层次银行体系，构建集风险投资、银行信贷、债券市场、

① 新华社. 习近平：深化金融供给侧结构性改革 增强金融服务实体经济能力［EB/OL］.（2019-02-23）［2021-07-05］，https：//ml. mbd. baidu. com/r/wqJXlvDM7S? f = cp&u = 4274d7ea876b0424.

股票市场等为一体的全方位、多层次金融支持服务体系；三是增加金融产品供给，开发个性化、差异化、定制化金融产品，改善金融和实体经济供需结构；四是坚持精准支持，增加中小金融机构数量和业务比重，重点支持符合国家产业发展方向、产品有市场的小微企业、新型科创企业、民营企业和聚焦“三农”领域。

在实践方面，目前对于中国各地区金融中心发展评价最为著名的两个指数，分别是伦敦金融城编制的全球金融中心指数（GFCI）和中国深圳指数研究院编制的中国金融中心指数（CDI CFCI）。其中，GFCI由商业环境、人力资本、基础设施、金融产业实力、声誉五个部分构成，强调金融中心的专业性、连通性和多样性；而CDI CFCI的四个一级指标分别为金融产业绩效、金融机构实力、金融市场规模和金融生态环境。但是，GFCI过于重视监管环境和税收制度，强调国际金融机构和跨国公司的集聚效应，而这点在中国各地差距并不大；CDI CFCI则过分依赖传统的金融中心理论，且为了保持一致性而没有涉及互联网金融、创业股权融资等目前日益重要的新兴金融业态，不能够全方位评估中国金融中心的发展情况，单一专家赋权的方式则影响了指数的客观性。

第三节　编制方法

天府金融指数遵循以现有金融理论为指导，充分考虑指标全面性和数据可获得性，兼顾传统与新兴金融业态，动态追踪和评价金融体系的发展四个编制原则。编制过程主要包括指标体系的确定、数据的收集处理以及权重的确定和指数的计算。指数构建过程见图1-1。

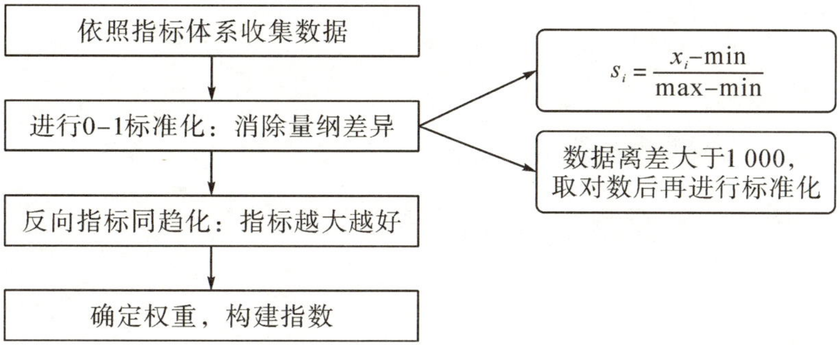

图 1-1　指数构建过程

一、数据标准化

由于各指标变量的量纲不同，我们需要采用 min-max 方法对原始数据进行标准化处理，消除量纲差异，使得标准化后的指标变量都位于［0，1］内，方便后续指数的计算。具体的标准化公式如下：

$$s_i=\frac{\text{指标-该指标最小值}}{\text{该指标最大值}-\text{该指标最小值}}=\frac{x_i-\min}{\max-\min}$$

上式中，x_i 表示待标准化的变量数据，s_i 表示标准化后的变量，min 表示该指标变量的最小值，max 表示该指标变量的最大值。

当指标数据存在极端值且离差较大时，简单的标准化方法可能会使得标准化后的数据分布在较窄的范围内，从而导致指标反映的信息模糊化，并且无形中增大了异常值的权重，不利于城市之间的客观比较。因此，针对离差较大（最大值减去最小值大于1 000）的变量，我们采用先取自然对数值再标准化的方法进行特殊处理。

二、数据同趋化

天府金融指数定义为正项指标，指数数值越大，代表金融竞争力越大。因此，对于反向影响金融竞争力的变量，我们需要进行反向变化，公式如下：

$$\widetilde{s_i}=\begin{cases}s_i & \text{当 } i \text{ 为正向指标}\\ 1-s_i & \text{当 } i \text{ 为反向指标}\end{cases}$$

其中，$\widetilde{s_i}$ 表示同趋化后的指标。通过同趋化处理后，同趋的标准化指标同样位于 [0，1] 内，且越接近 1，金融竞争力越强；越接近 0，金融竞争力越弱。

在对指标变量进行标准化和同趋化之后，我们就可以用同趋的标准化指标计算天府金融子指数。计算公式如下：

$$F_j=\sum_i w_{ji}\times\widetilde{s_{ji}}$$

三、指标赋权方法

确定各指标的权重是指数构建的重点。过去，金融中心指数和金融形势指数权重的确定方法有专家打分法、层次分析法、主成分分析法、熵值法、支持向量机（SVM）评价方法、VAR 脉冲响应法和 SVAR 脉冲响应法。而在当前反映城市金融竞争力的指数中，影响力较大的有伦敦金融城公布的全球金融中心指数（GFCI）和深圳综合开发研究院推出的中国金融中心指数（CFCI）。其中，CFCI 采用了主成分分析法和熵值法，GFCI 采用了支持向量机（SVM）评价方法。

综合考虑，在天府金融指数的构建过程中，我们拟采用简单平均法、专家打分法、主成分分析法、VAR 脉冲响应法、动态模型选择的时变向量自回归模型（DMS-TVP-FAVAR）方法这五种由浅入深的方法计算指数权重。对比不同方法的有效性，我们在可操作性和预测性中进行权衡，选取最优的指数构建方法，力争整个指数构建过程更具先进性、科学性和严谨性，对目标变量的评价、追踪、预测能力更强。五大类指数编制方法对比如表 1-1 所示。

表 1-1 五大类指数编制方法对比

方 法	主要内容	特 点
简单平均法	平均赋权，每类一级指标相同权重	简单、直接，缺乏理论依据
专家打分法	聘请行业内专家对各指标重要性进行打分	直观、实用，主观性较强
主成分分析法	发掘指标内部相关性，以共同因子替代，最大限度保留原信息	客观，适用于庞大指标体系
VAR 脉冲响应法	以指标变量对目标变量冲击的平均脉冲响应比例作为权重	追踪性强，经济学支撑较强，易出现过度参数问题
DMS-TVP-FAVAR	VAR＋主成分分析＋系数动态变化＋模型动态选择	动态跟踪，适应变化形势，操作复杂，理解难度大

经过比较，我们将选用主成分分析法。主成分分析法的优点是能够将大量指标变量构成的指数体系综合成几个简单的变量，从而可以代表内部主要的推动信息。主成分分析法的应用从理论上使得指数的指标体系的范围可以变成无穷大，能够将所有的相关变量全部纳入，通过对主成分的分析，能够去除变量间的代表性，归纳出主要信息。虽然主成分分析法主要依赖变量间的数值规律且缺乏经济学规律，但是迫于数据的有限性并兼顾指标结果的客观性，我们仍选用这种方法计算天府金融指数。

第四节 指数综合评价

2017 年 11 月 24 日，首届天府金融论坛——天府金融指数暨金融促进军民融合措施发布会在成都举行。2018 年 10 月 25 日，2018 天府金融指数暨四川省科技金融发展规划（2018—2020 年）发布会在成都召开。天府金融指数的编制选择了 4 个直辖市、26 个省会城市（除拉萨）和 5 个计划单列市，从金融市场、金融机构、从业环境、人力资源、科技金融、绿色金融、文化金融、农村金融8个维度进行评价[①]，并选择消费金融、数字普惠金融作为观察的金融业态。两届天府金融指数的发布都引起了社会各界的极大关注与讨论。

天府金融指数从多个方面对我国各中心城市实现金融错位竞争和协同发展产生了积极影响，具备较强的参考意义和现实意义，能在一定程度上引领金融学科的发展。其适用范围较广，对于决策者、金融机构从业人员、投资者都具有较高的实用价值。首先，天府金融指数从多个维度综合评估各大中心城市的金融发展现状，让每个城市突出其独特优势，并对整体金融状况做出客观评价，便于政府管理者直观了解各个城市的金融全貌，明确各自的优势和短板，因地制宜制定相应政策，进行资源的优化配置。其次，天府金融指数可充分展现城市新兴金融业态的发展情况，为决策者提供可靠的决策依据。最后，天府金融指数有助于金融机构和金融从业人员发现适合其自身发展的市场和空间，也便于投资者找到更符合自身投资需求的城市及具体的金融发展领域。

2019年天府金融指数延续前两期的指标体系和编制方法，依照新一期的公开数据，对各城市进行科学计算得出2019年的指数排名。从2019年的指数结果来看，北京、上海、深圳依然牢牢占据着全国金融中心排名的前三名，并与其他城市拉开了一定距离。广州、杭州、成都三个城市依旧处于第二梯队，城市之间的分值差距较小。第三梯队的城市依次是重庆、南京、武汉和天津。从总指数得分来看，排名第七的重庆与排名第六的成都的得分差距进一步缩小，西部地区金融中心建设竞争激烈。与2018年的天府金融指数结果相比，多数城市在2019年的指数得分略有下降，35个城市的平均增速为－1.87%，这与国内外金融形势密切相关。2018年，金融行业整体处于变局之年，国际形势上，中美贸易摩擦增加了中国金融市场的

① 天府金融指数的指标体系构建说明与数据来源详见附录。

不确定性；国内形势上，金融供给侧结构性改革正在推进，调整后的市场机制尚未完全稳定。

从具体的子指标来看，2019 年，成都在金融市场排名第七、金融机构排名第五、从业环境排名第八、人力资源排名第九、科技金融排名第八、绿色金融排名第五、文化金融排名第六、农村金融排名第一。相较上期，成都金融市场、金融机构、绿色金融、文化金融和农村金融排名不变，从业环境排名上升一位，人力资源和科技金融排名下滑。总体来看，成都保持了稳定的发展态势，其新兴金融业态尤其是农村金融表现突出，农村金融已经连续三年位列全国第一。但成都也应该清醒地认识到，在各中心城市争建金融中心的形势下，满足于现状只会“不进则退”。成都在传统金融领域还有较大提升空间，新兴金融业态是提升成都金融综合竞争力的抓手，成都市的金融中心地位有待巩固和加强。

报告后续内容安排如下：第二章简要回顾往期天府金融指数的主要结果；第三章基于 2019 天府金融指数结果，从总量和结构两个维度对指数情况进行分析和比较；第四章对全国区域性金融中心城市未来的金融发展规划进行评价分析，提出个性化政策建议；第五章主要梳理成都金融发展的现状、亮点和短板，总结全国先进对标城市的经验；第六章对成都市建设西部金融中心提出政策建议。

第二章

往期天府金融指数概况

第一节　2017 天府金融指数综合分析

表 2-1 和表 2-2 分别展示了 2017 天府金融指数 35 个城市的得分情况和排名情况。成都位列第六，得分为 45.16，前五名分别为北京（76.95）、上海（63.75）、深圳（59.69）、广州（46.31）、杭州（45.65）。可以看出，北京、上海、深圳在全国金融中心排名中还是具有非常明显的优势，广州、杭州虽然位列第四和第五，但是与成都的差距并不大，成都具有在短期内超越广州和杭州的潜力。对于其他城市，重庆虽然位列第七，但是优势在于绿色金融和文化金融，综合竞争力难以与前几个城市相匹敌。武汉、天津和南京在传统金融领域基础雄厚，并在新兴金融业态中有独特的优势，未来有机会进入第二梯队。

表 2-1　2017 天府金融指数得分展示①

城市	总指数	金融市场	金融机构	从业环境	人力资源	科技金融	绿色金融	文化金融	农村金融
北京	76.95	87.71	83.90	67.21	84.00	78.50	60.04	83.11	35.96
上海	63.75	77.33	75.57	67.06	75.35	47.64	52.50	57.08	26.92
深圳	59.69	72.35	66.84	64.74	54.48	59.50	51.64	47.88	58.32
广州	46.31	55.77	41.41	58.45	52.05	35.71	43.13	37.57	49.70
杭州	45.65	54.90	35.14	49.52	53.24	43.28	45.28	35.95	59.79
成都	45.16	48.30	37.67	45.86	54.51	38.31	46.34	40.18	70.19
重庆	41.04	40.21	32.35	44.94	47.50	29.45	50.29	39.93	59.73
武汉	38.62	36.90	34.01	47.50	55.41	33.20	40.43	21.43	53.37
南京	38.27	49.37	31.71	48.31	48.05	31.47	30.96	25.52	51.42
天津	37.63	41.28	35.12	50.50	57.97	16.53	41.87	21.56	39.14

① 最低分为 0，最高分为 100，下同。

续表2-1

城市	总指数	金融市场	金融机构	从业环境	人力资源	科技金融	绿色金融	文化金融	农村金融
西安	34.90	38.65	32.46	30.67	54.48	25.70	42.02	18.72	47.04
长沙	31.75	28.44	26.16	39.02	51.25	11.10	36.95	23.47	65.20
郑州	31.69	39.01	25.38	33.98	42.87	10.71	42.65	21.37	65.02
济南	30.55	35.35	26.18	40.93	48.26	8.45	36.39	12.70	64.25
合肥	29.71	27.96	29.66	37.78	36.34	12.78	41.68	16.28	64.21
大连	29.65	33.49	22.26	46.52	44.64	6.42	36.27	16.51	46.68
厦门	29.15	41.44	22.93	46.92	34.68	7.69	43.06	9.24	34.28
青岛	28.72	28.45	22.07	43.78	38.08	10.16	39.63	13.95	63.84
宁波	28.10	37.17	14.98	43.46	35.33	12.33	32.74	17.51	52.00
福州	28.00	39.72	23.81	41.80	28.87	8.83	39.05	11.73	48.23
沈阳	27.14	31.52	20.76	45.00	39.01	7.07	33.82	12.47	39.63
南昌	26.93	26.67	19.56	35.35	35.36	20.42	38.90	8.66	56.22
太原	26.03	30.59	17.76	37.67	38.18	5.56	40.25	9.17	52.96
石家庄	26.02	29.61	18.14	36.72	31.94	4.66	42.36	13.14	64.36
乌鲁木齐	25.69	30.44	20.45	35.40	32.61	26.24	27.15	8.13	30.89
贵阳	25.64	23.61	15.03	34.08	34.57	23.28	36.53	10.38	47.87
昆明	25.38	25.46	19.42	38.36	35.10	4.51	39.23	12.90	50.25
哈尔滨	25.02	25.70	22.99	24.84	43.32	14.86	21.86	14.79	56.29
南宁	24.27	23.77	14.47	35.04	33.63	4.39	33.50	18.89	61.91
长春	24.15	23.12	25.28	31.54	39.82	5.21	29.98	9.03	54.01
海口	21.28	30.25	6.66	40.73	19.25	9.22	37.00	6.61	34.97
兰州	19.84	24.19	13.37	27.65	33.32	2.41	28.19	6.47	43.29
银川	17.90	17.47	4.67	36.07	21.24	3.74	36.05	7.03	31.52
呼和浩特	15.72	15.08	4.99	30.21	15.15	2.14	38.09	3.42	38.70
西宁	13.83	14.75	2.27	30.33	11.15	2.78	28.53	7.74	24.87

表 2-2　2017 天府金融指数排名展示

城市	总指数	金融市场	金融机构	从业环境	人力资源	科技金融	绿色金融	文化金融	农村金融
北京	1	1	1	1	1	1	1	1	29
上海	2	2	2	2	2	3	2	2	34
深圳	3	3	3	3	7	2	3	3	11
广州	4	4	4	4	9	6	7	6	20
杭州	5	5	6	6	8	4	6	7	9
成都	6	7	5	11	5	5	5	4	1
重庆	7	10	10	13	13	9	4	5	10
武汉	8	15	8	8	4	7	14	11	15
南京	9	6	11	7	12	8	30	8	18
天津	10	9	7	5	3	14	12	10	27
西安	11	13	9	31	6	11	11	14	23
长沙	12	24	14	19	10	18	22	9	2
郑州	13	12	15	29	16	19	9	12	3
济南	14	16	13	17	11	23	24	22	5
合肥	15	25	12	21	21	16	13	17	6
大连	16	17	20	10	14	26	25	16	24
厦门	17	8	19	9	25	24	8	26	31
青岛	18	23	21	14	20	20	16	19	7
宁波	19	14	29	15	23	17	29	15	17
福州	20	11	17	16	31	22	18	24	21
沈阳	21	18	22	12	18	25	27	23	26
南昌	22	26	24	26	22	13	19	29	13
太原	23	19	27	22	19	27	15	27	16
石家庄	24	22	26	23	30	29	10	20	4
乌鲁木齐	25	20	23	25	29	10	34	30	33
贵阳	26	31	28	28	26	12	23	25	22
昆明	27	28	25	20	24	30	17	21	19
哈尔滨	28	27	18	35	15	15	35	18	12
南宁	29	30	30	27	27	31	28	13	8

续表2-2

城市	总指数	金融市场	金融机构	从业环境	人力资源	科技金融	绿色金融	文化金融	农村金融
长春	30	32	16	30	17	28	31	28	14
海口	31	21	32	18	33	21	21	33	30
兰州	32	29	31	34	28	34	33	34	25
银川	33	33	34	24	32	32	26	32	32
呼和浩特	34	34	33	33	34	35	20	35	28
西宁	35	35	35	32	35	33	32	31	35

从子指数的得分和排名来看，位列前六的北京、上海、深圳、广州、杭州、成都在各个子指数的得分上都比较均衡，尤其是体现在金融市场、金融机构、人力资源、科技金融、绿色金融、文化金融方面。相对而言，北京、上海在农村金融方面表现较为一般，上海在科技金融方面与北京差距较大；深圳、杭州和广州在人力资源方面排名稍微落后；成都的从业环境排在第十一位，是较为落后的子指数。除了这六个城市外，其他城市虽然排名得分较为落后，但都有相对优势的子指数。重庆在绿色金融和文化金融方面排名全国前列；武汉积极拓展金融机构和金融人才的聚集，并且科技金融领域表现抢眼；南京依靠江苏省的大平台，在各个子指数上都表现抢眼，只不过在绿色金融方面发展滞后，拖累其与第二梯队城市竞争的能力；天津在金融市场、金融机构、从业环境、人力资源等传统金融业态中表现强势，但是对于新兴金融业态重视不足，表现一般；厦门依托海滨环境优势，在从业环境和绿色金融方面处于全国前列，金融市场表现也可圈可点。

➜第二节 2018天府金融指数综合分析

表2-3和表2-4分别展示了35个城市2018年的得分情况和排名情况，其中成都位列第六，得分为48.67，前五名分别为北京（78.89）、上海

(64.79)、深圳(62.95)、广州(51.84)、杭州(48.99),六个城市的排名相较上期没有变化。由此可见,北京、上海、深圳在全国金融中心排名中仍然具有明显优势,广州、杭州和成都属于第二梯队,成都与杭州的差距较小,具有在短期内超越杭州的潜力。对于其他城市,重庆虽然位列第七,但优势在于绿色金融,其综合竞争力难以与前几个城市相匹敌。南京在本期天府金融指数中超越武汉成为全国第八名,主要源于其传统金融进步明显,武汉在新兴金融业态中有独特优势,天津在传统金融领域基础雄厚,三个城市未来有机会步入第二梯队。

表 2-3 2018 天府金融指数得分展示

城市	总指数	金融市场	金融机构	从业环境	人力资源	科技金融	绿色金融	文化金融	农村金融
北京	78.89	90.02	86.90	58.57	78.64	81.63	77.02	90.76	32.97
上海	64.79	73.91	77.86	60.31	60.83	65.85	60.57	64.90	26.23
深圳	62.95	70.89	70.42	61.82	57.67	63.85	59.93	58.74	52.94
广州	51.84	57.17	49.57	57.55	49.75	45.51	53.68	51.50	48.70
杭州	48.99	55.76	40.84	52.70	42.71	45.81	54.36	48.90	58.18
成都	48.67	47.35	45.60	46.92	50.31	42.30	55.48	43.39	81.33
重庆	43.52	39.48	39.78	43.27	38.94	40.97	57.44	41.16	58.78
南京	43.49	50.45	42.65	50.32	42.62	39.53	37.61	37.97	56.18
武汉	40.70	36.29	35.97	44.23	46.88	36.98	52.06	30.45	52.63
天津	40.19	38.20	41.96	47.41	45.54	40.81	41.03	28.35	37.31
西安	39.87	35.95	35.26	34.79	50.82	40.33	47.38	32.70	47.02
郑州	38.74	41.19	35.86	39.86	39.69	25.14	51.87	30.06	68.70
长沙	38.54	28.79	35.90	43.20	43.64	28.06	39.61	42.64	67.16
济南	36.29	39.56	31.70	42.02	40.87	25.17	40.98	27.19	63.00
合肥	35.08	30.27	35.28	38.77	29.26	34.52	44.33	26.14	61.80
青岛	34.75	31.87	28.26	44.42	32.40	26.25	46.71	26.58	64.44

续表2-3

城市	总指数	金融市场	金融机构	从业环境	人力资源	科技金融	绿色金融	文化金融	农村金融
大连	33.63	31.19	29.03	44.88	38.64	25.08	36.27	27.40	49.34
宁波	32.52	33.88	20.91	46.14	24.52	31.58	37.38	29.52	51.22
福州	31.82	37.62	34.60	40.75	20.11	24.24	42.88	20.73	44.13
厦门	31.58	35.22	32.69	50.38	23.70	23.57	39.00	20.29	28.48
昆明	30.65	26.02	26.85	39.54	30.56	20.62	42.55	24.92	49.14
太原	29.89	32.14	23.34	37.01	33.71	12.90	49.12	18.88	46.39
沈阳	29.41	35.79	19.54	41.89	27.65	18.48	34.34	26.77	41.21
石家庄	29.39	27.64	21.17	33.96	24.05	19.15	48.40	23.30	63.10
南昌	28.86	23.50	29.81	36.00	26.93	24.77	41.97	14.58	50.22
贵阳	28.35	21.52	20.77	29.25	28.59	27.74	40.88	24.96	47.69
哈尔滨	28.24	26.50	26.24	29.93	37.70	23.82	25.11	21.50	52.14
乌鲁木齐	27.57	33.75	26.00	32.04	29.35	20.59	31.33	18.37	36.60
南宁	26.54	25.48	18.97	35.43	27.16	12.86	35.14	23.46	57.18
长春	25.95	21.33	24.27	35.86	32.49	15.53	28.07	18.49	49.96
兰州	24.91	26.03	19.28	29.71	28.00	14.58	31.91	21.35	41.27
呼和浩特	23.78	23.13	12.31	32.40	32.33	8.54	35.56	18.46	44.28
海口	22.07	31.06	12.04	40.04	15.44	6.53	36.79	13.53	30.86
银川	19.82	17.82	9.83	37.06	15.19	5.56	36.43	17.08	30.43
西宁	13.87	12.43	8.41	27.80	7.59	2.72	32.94	6.44	20.29

表 2-4　2018 天府金融指数排名展示

城市	总指数	金融市场	金融机构	从业环境	人力资源	科技金融	绿色金融	文化金融	农村金融
北京	1	1	1	3	1	1	1	1	30
上海	2	2	2	2	2	2	2	2	34
深圳	3	3	3	1	3	3	3	3	12
广州	4	4	4	4	6	5	7	4	20

续表2-4

城市	总指数	金融市场	金融机构	从业环境	人力资源	科技金融	绿色金融	文化金融	农村金融
杭州	5	5	8	5	10	4	6	5	9
成都	6	7	5	9	5	6	5	6	1
重庆	7	10	9	14	14	7	4	8	8
南京	8	6	6	7	11	10	23	9	11
武汉	9	13	10	13	7	11	8	11	13
天津	10	11	7	8	8	8	18	14	28
西安	11	14	14	28	4	9	12	10	22
郑州	12	8	12	20	13	18	9	12	2
长沙	13	24	11	15	9	14	21	7	3
济南	14	9	17	16	12	17	19	16	6
合肥	15	23	13	22	23	12	14	19	7
青岛	16	20	20	12	19	16	13	18	4
大连	17	21	19	11	15	19	27	15	18
宁波	18	17	27	10	29	13	24	13	15
福州	19	12	15	18	32	21	15	26	25
厦门	20	16	16	6	31	23	22	27	33
昆明	21	28	21	21	21	24	16	21	19
太原	22	19	25	24	17	30	10	28	23
沈阳	23	15	29	17	26	27	30	17	27
石家庄	24	25	26	29	30	26	11	23	5
南昌	25	30	18	25	28	20	17	33	16
贵阳	26	32	28	34	24	15	20	20	21
哈尔滨	27	26	22	32	16	22	35	24	14
乌鲁木齐	28	18	23	31	22	25	33	31	29
南宁	29	29	31	27	27	31	29	22	10
长春	30	33	24	26	18	28	34	29	17
兰州	31	27	30	33	25	29	32	25	26

续表2-4

城市	总指数	金融市场	金融机构	从业环境	人力资源	科技金融	绿色金融	文化金融	农村金融
呼和浩特	32	31	32	30	20	32	28	30	24
海口	33	22	33	19	33	33	25	34	31
银川	34	34	34	23	34	34	26	32	32
西宁	35	35	35	35	35	35	31	35	35

从子指数的得分和排名来看，位列前六的北京、上海、深圳、广州、杭州、成都在各个子指数的得分上都比较领先，这在金融市场、金融机构、科技金融和文化金融上体现得尤为明显。相对而言，北京、上海在农村金融方面表现较为一般，上海在科技金融和文化金融方面与北京差距较大。深圳发展较为均衡，广州在农村金融方面进步空间较大，杭州在人力资源方面排名较低，成都从业环境的排名稍显落后。其他城市虽然排名和得分与前六名有一定差距，但都有相对优势的子指数。重庆在绿色金融方面排在全国前列；南京依托江苏省的大平台，积极扩大金融市场规模，促进金融机构集聚，但绿色金融发展稍显滞后，拖累其与第二梯队城市竞争的能力；武汉在人力资源和绿色金融方面的表现可圈可点，其他方面有待进一步加强；天津在金融机构、人力资源、从业环境等传统金融业态中有独特优势，但新兴金融业态表现一般，未来进步潜力较大。

为了更好地结合2017天府金融指数的计算结果，为成都的金融发展提供政策建议，我们将同处于第二梯队的广州和杭州作为对标城市，进行横向对比分析。从子指数来看，成都在金融市场排名第七、金融机构排名第五、从业环境排名第九、人力资源排名第五、科技金融排名第六、绿色金融排名第五、文化金融排名第六、农村金融排名第一。成都的金融基础良好但仍有一定提升空间，其新兴金融发展具有一定优势，若想继续保持当前排名，仍需后续政策的跟进。从图2-1中我们可以看到，成都新兴金融分项指标排名波动幅度较大，文化金融稍显落后，农村金融表现突出。而对于传统金融领域，成都在金融市场、金融机构、从业环境方面相较对标城市存在差距，必须加强金融基础设施建设和金融人才的培养，才能为金融的长足发展提供有力的支撑。综合来看，在金融市场、金融机构、从业环境、人力资源、科技金融、绿色金融、文化金融、农村金融八个子指数方面，广州、杭州、成都三者间的差距并不明显。其中，广州在金融市场、金融机构和从业环境这些传统金融度量指标上展现出一定优势，成都和杭州则在新兴金融业态上发展迅速，同时成都在农村金融领域位居三市之首。图 2-1 表明，三个城市在金融发展水平上没有明显差异，相关指标排名竞争激烈，成都应结合自身新兴金融业态优势，进一步做强传统金融，以期在金融领域取得更加优异的成绩。广州、杭州、成都的指标分析见图 2-1。

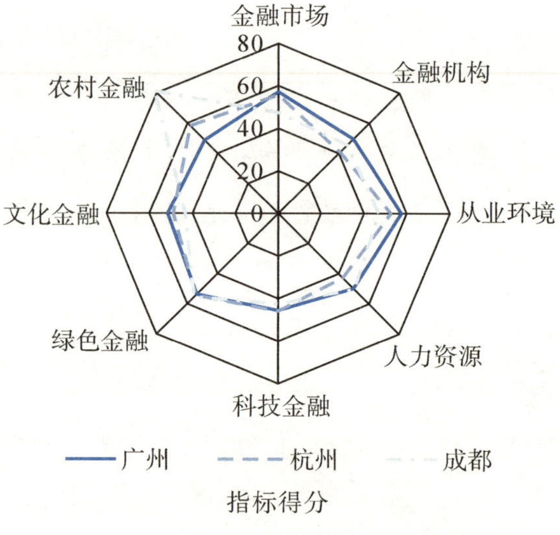

图 2-1　广州、杭州、成都的指标分析

与 2017 年的结果相比较，从总指数排名来看，2018 年排名前十的城市的变动不大，南京超越武汉成为第八名。这主要源于：①南京在金融机构、绿色金融和农村金融方面的排名有所提升，同时武汉在从业环境、人力资源和科技金融方面的排名相对下滑；②南京券商类金融机构（以华泰证券为主）在2017年的表现较好，直接带动南京金融机构分项排名上升；③南京重视绿色金融的发展，引入了“中研绿色金融研究院”，加大金融支持绿色产业力度，引导和激励更多社会资本进入环保领域和绿色产业；④南京在农村金融领域也取得了不错的成绩，其主要采取了三个方面的惠农金融举措（积极发展“小微”“三农”信贷业务、促进“两权”抵押贷款试点、推进“农村金融综合服务站”建设）；⑤武汉在人力资源基础和潜力方面的竞争力相对减弱，并且在城市环境和军民融合方面有待进一步提高。

从总指数得分增长率来看，2018年排名前十的城市的平均增速达到6.85%。其中，南京和广州表现突出，增速为10%以上；成都的表现也可圈可点，其指数得分增速为7.8%，在排名前十的城市中位列第三。此外，北京、上海和深圳等第一梯队城市由于金融发展起步早、基础体量大，其得分增速低于平均水平；第二、第三梯队城市则借助后发优势加速前进，实现弯道超车。天府金融指数得分与排名变化比较（前十名城市）见表2-5。

表2-5 天府金融指数得分与排名变化比较(前十名城市)

城市	2018年总指数排名	2017年总指数排名	2018年总指数排名变化	2018年总指数得分增长率/%
北京	1	1	—	2.5
上海	2	2	—	1.6
深圳	3	3	—	5.5
广州	4	4	—	11.9
杭州	5	5	—	7.3
成都	6	6	—	7.8
重庆	7	7	—	6.0
南京	8	9	+1	13.6
武汉	9	8	−1	5.4
天津	10	10	—	6.8

注：数字前有“+”号表示较2017年上升，数字前有“−”号表示较2017年下降，“—”则表示无变化。

从子指数排名来看，成都市总体上保持稳定发展，其在从业环境方面进步2名，在科技金融和文化金融方面分别下滑1名和2名（见图2-2）。具体来讲，首先，城市环境和制度环境的相对进步是成都2018年在从业环境方面排名上升的主要原因。其次，成都与广州和杭州同属第二梯队，城市间的差距并不大。加之2017年成都在文化产业投资方面的排名优势被削弱，同时广州和杭州的文化产业发展势头强劲，因此成都文化金融排名出现下降的情况。最后，成都在科学技术支出占财政支出比重、研究与试验发展人员数等科技金融基础指标上同广州相比还有一定差距，这成为广州在科技金融指数上超过成都的关键性因素。

图2-2　成都市子指数排名对比

第三章

2019天府金融指数结果分析

➡第一节　天府金融指数综合分析

本报告通过构建指标体系、搜集数据并进行标准化与同趋化处理，利用主成分分析法确定权重，最终构建出天府金融指数。本节将针对2019天府金融指数的得分结果，从总指数，金融市场、金融机构、从业环境、人力资源、科技金融、绿色金融、文化金融和农村金融八个子指数，以及消费金融和数字普惠金融两个观察业态进行分析。

表3-1和表3-2分别展示了35个城市的2019天府金融指数得分情况和排名情况，成都位列第六，得分为46.36，前五名分别为北京（78.78）、上海（64.61）、深圳（63.69）、广州（49.90）、杭州（48.34），六座城市的排名相较上期没有变化。北京、上海和深圳在天府金融指数的评价体系中牢牢占据前三位，其中北京整体领先优势较为明显，上海和深圳在传统金融和新兴金融领域的发展较为均衡，深圳与上海的总指数分值差距进一步缩小。广州、杭州和成都处于第二梯队，这三个城市绝大部分子指标的排名都位于全国前十，虽然离北京、上海和深圳还有不小差距，但与其他城市相比具有明显优势。在传统金融方面，广州依旧具有领先优势，而杭州和成都则需要继续加强。在新兴金融业态方面，从排名来看，广州的科技金融和绿色金融发展较好，杭州在科技金融和文化金融领域具有一定竞争力，成都的农村金融实力强劲。广州和杭州在农村金融上有待提升，成都需要进一步发展新兴金融业态。对于其他城市，重庆在传统金融领域的排名靠后，主要靠其在新兴金融业态的优良表现位列全国第七。值得一提的是，重庆绿色金融领域排名继续提升，在本期位列全国第二，是其一大亮点。南京凭借其在金融市场、金融机构和从业环境等传统金融领域良好的发展态势位列第八，绿色金融是其亟待提高的领域；其在金融中心的发展中还需要在找准自身定位、发挥优势的同时重视弥补短板。武汉近些年努力开

展招商引资和招才引智，吸引高端科技人才和金融人才，其在人力资源领域的表现突出，但金融机构仍需要进一步提升。天津传统金融领域基础雄厚，其金融机构和人力资源排名提升，但新兴金融业态的发展稍显不足。重庆、南京和武汉发展后劲强，未来有机会步入第二梯队。

表 3-1 2019 天府金融指数得分展示

城市	总指数	金融市场	金融机构	从业环境	人力资源	科技金融	绿色金融	文化金融	农村金融
北京	78.78	82.51	80.92	63.95	82.24	84.08	80.31	86.12	33.97
上海	64.61	70.18	72.56	64.91	68.19	64.07	51.51	67.22	27.53
深圳	63.69	72.76	68.99	62.49	60.60	65.97	60.65	56.24	52.60
广州	49.90	51.73	42.61	59.65	48.74	52.67	46.29	48.19	49.82
杭州	48.34	50.91	39.27	56.95	46.97	48.20	49.68	45.57	57.34
成都	46.36	43.26	41.78	50.28	44.10	44.40	49.85	43.85	81.71
重庆	43.54	36.34	34.49	43.32	40.66	45.48	60.90	41.56	64.26
南京	42.01	46.87	37.29	53.63	43.75	36.91	34.71	37.55	58.10
武汉	40.56	37.36	30.10	45.31	45.83	46.08	44.42	32.98	54.57
天津	39.20	36.23	38.19	49.80	48.46	37.26	41.06	26.07	35.61
西安	38.60	34.79	33.52	37.06	46.77	41.87	44.03	30.31	51.08
郑州	36.08	39.86	31.49	41.05	34.33	26.42	48.28	27.34	64.47
长沙	35.98	29.86	30.94	41.65	39.18	28.76	37.44	37.67	68.38
济南	35.57	37.88	30.86	43.85	40.43	25.20	42.01	24.62	64.06
合肥	34.70	27.88	31.73	40.79	26.66	38.97	44.18	28.13	63.97
青岛	34.21	30.82	26.60	46.63	33.30	27.71	46.59	23.96	66.73
大连	33.63	30.52	28.74	45.72	42.17	23.88	38.77	24.59	49.46
厦门	32.30	32.10	30.21	53.86	29.34	24.80	40.45	19.24	32.01
宁波	32.20	31.42	24.48	47.10	25.37	33.25	35.07	26.33	51.91
福州	31.52	33.66	27.06	45.16	26.95	29.16	38.06	19.57	47.59
沈阳	29.33	31.54	22.54	42.11	30.82	18.72	36.75	22.50	43.30

续表3-1

城市	总指数	金融市场	金融机构	从业环境	人力资源	科技金融	绿色金融	文化金融	农村金融
昆明	29.29	26.15	20.58	41.83	28.17	21.80	43.12	21.78	52.93
太原	29.28	30.55	23.83	37.78	34.62	14.32	44.59	19.97	42.61
贵阳	28.74	24.85	19.20	31.46	26.17	30.62	44.69	22.50	48.88
南昌	27.82	24.42	24.40	38.68	22.90	27.89	42.29	12.30	51.88
乌鲁木齐	27.71	31.29	22.80	34.08	31.37	21.41	33.89	18.54	38.87
石家庄	27.62	25.94	16.86	35.27	22.57	18.35	48.23	22.23	63.10
南宁	27.03	25.94	21.53	34.81	25.70	13.28	39.59	23.72	60.75
兰州	26.53	25.91	21.68	32.55	29.27	15.07	42.19	19.17	41.03
哈尔滨	26.38	22.00	23.86	29.73	32.40	24.29	22.53	22.31	59.63
长春	25.16	19.53	21.81	38.03	34.31	14.36	25.97	18.99	47.76
海口	22.54	31.33	16.40	43.97	14.13	4.47	36.58	12.58	35.86
呼和浩特	21.54	20.72	7.39	34.92	24.46	6.50	41.12	16.09	41.40
银川	19.76	17.00	12.69	33.99	15.48	7.89	38.22	14.69	32.78
西宁	13.04	7.35	7.91	29.58	6.76	2.31	30.46	8.82	24.89

表 3-2　2019 天府金融指数排名展示

城市	总指数	金融市场	金融机构	从业环境	人力资源	科技金融	绿色金融	文化金融	农村金融
北京	1	1	1	2	1	1	1	1	31
上海	2	3	2	1	2	3	4	2	34
深圳	3	2	3	3	3	2	3	3	15
广州	4	4	4	4	4	4	10	4	19
杭州	5	5	6	5	6	5	6	5	12
成都	6	7	5	8	9	8	5	6	1
重庆	7	11	9	17	12	7	2	7	5
南京	8	6	8	7	10	12	31	9	11
武汉	9	10	16	13	8	6	13	10	13

续表3-2

城市	总指数	金融市场	金融机构	从业环境	人力资源	科技金融	绿色金融	文化金融	农村金融
天津	10	12	7	9	5	11	21	15	30
西安	11	13	10	26	7	9	15	11	18
郑州	12	8	12	21	16	19	7	13	4
长沙	13	23	13	20	14	16	27	8	2
济南	14	9	14	16	13	20	19	16	6
合肥	15	24	11	22	26	10	14	12	7
青岛	16	20	19	11	18	18	9	18	3
大连	17	22	17	12	11	23	24	17	20
厦门	18	15	15	6	22	21	22	27	33
宁波	19	17	20	10	29	13	30	14	16
福州	20	14	18	14	25	15	26	26	23
沈阳	21	16	25	18	21	26	28	20	24
昆明	22	25	29	19	24	24	16	24	14
太原	23	21	23	25	15	30	12	25	25
贵阳	24	29	30	33	27	14	11	21	21
南昌	25	30	21	23	31	17	17	34	17
乌鲁木齐	26	19	24	30	20	25	32	30	28
石家庄	27	27	31	27	32	27	8	23	8
南宁	28	26	28	29	28	31	23	19	9
兰州	29	28	27	32	23	28	18	28	27
哈尔滨	30	31	22	34	19	22	35	22	10
长春	31	33	26	24	17	29	34	29	22
海口	32	18	32	15	34	34	29	33	29
呼和浩特	33	32	35	28	30	33	20	31	26
银川	34	34	33	31	33	32	25	32	32
西宁	35	35	34	35	35	35	33	35	35

从子指数的得分和排名来看，位列前六的北京、上海、深圳、广州、杭州、成都，其各项子指数的得分和排名都比较领先。相对而言，北京、

上海在农村金融方面的竞争力不足，上海在科技金融、绿色金融和文化金融方面与北京差距较大。深圳发展较为均衡，广州和杭州在农村金融方面的进步空间较大，成都人力资源、科技金融的排名稍显落后。对于其他城市，其排名和得分虽然与前六名城市有一定差距，但各自都具备相对优势。重庆在绿色金融方面排在全国前列；南京依托江苏省，积极扩大金融市场规模，促进金融机构集聚，但绿色金融发展稍显滞后，拖累其与第二梯队城市竞争的能力；武汉在人力资源和绿色金融方面的表现可圈可点，其他方面有待进一步加强；天津在金融机构、人力资源、从业环境等传统金融业态中有独特优势，但新兴金融业态表现一般，未来进步潜力较大。

前十名城市的总指数排名与去年保持一致（见表 3-3）。从子指数来看，南京在金融基础指数层面表现稳定，其人力资源排名小幅提升，金融机构排名略有下降。南京券商类金融机构在 2018 年业绩小幅下滑，但仍凭借较大体量守住传统金融领域优势；同时，南京资产评估机构资质较上年小幅下滑，直接影响金融机构排名。重庆在传统金融领域发展较为缓慢，而在新兴金融领域表现较好。重庆市在从业环境方面排名下滑较大，金融市场方面排名亦小幅下滑。2018 年，重庆在医疗基础设施方面发展较慢，患者床位紧张状况在本年度进一步加剧，影响重庆从业环境的进一步提升。值得注意的是，重庆在绿色金融和农村金融领域取得了显著成效。

从总指数得分增长率来看，前十名城市的平均增速为-1.5%，绝大多数城市的总指数得分较上年下降，而深圳表现突出，其得分增长了 1.2%。2018 年，金融行业整体处于变局之年，国际形势上，中美贸易摩擦增加了中国金融市场的不确定性。北京、上海和深圳等第一梯队城市由于传统金融体系成熟，抵御和应对风险的能力较强，金融业态波动相对较小；第二、第三梯队城市金融体系相对薄弱，传统金融和新兴金融业态均出现较大波动。此外，城市群之间的集聚和趋同效应明显增强，城市发展速度趋缓，亟须新的技术和增长点为城市发展注入新动能。

表 3-3 天府金融指数得分与排名变化比较（前十名城市）

城市	2019 年总指数排名	2019 年总指数排名较上期的变化	2019 年总指数得分增长率/%
北京	1	—	−0.1
上海	2	—	−0.3
深圳	3	—	1.2
广州	4	—	−3.7
杭州	5	—	−1.3
成都	6	—	−4.7
南京	7	—	0
重庆	8	—	−3.4
武汉	9	—	−0.4
天津	10	—	−2.5

注："—"表示无变化。

金融发展的综合提升是一个需要时间积累并从多方面共同发力的过程。短期内，金融综合实力较强的城市间的相对差距和名次不会发生太大变动，如北京、上海、深圳、广州、杭州、成都和重庆等城市。部分城市会因为彼此在某些领域排名的上升或下降而实现赶超，如厦门和宁波。总体而言，各中心城市可依托天府金融指数综合评价体系，在金融中心的发展中找准自身定位、发扬自身优势、吸取经验教训，实现金融综合实力的提升，以确保在金融中心建设的竞争中占有一席之地。

第二节 天府金融指数结构分析

天府金融指数由八个子指数构成，从八个方面反映了各个中心城市的金融发展动态。分析各子指数的发展变化，有利于从内部结构上把握各中心城市金融发展的优势和劣势，更为深入细致地评估金融发展的动力，为因地制宜地发展金融提供科学依据。

一、金融市场子指数

在金融市场子指数中，天府金融指数主要从信贷市场、债券市场、股票市场、货币市场、保险市场和其他直接融资市场进行比较分析，金融市场子指数得分情况见表3-4。根据金融市场子指数得分，北京位列第一，后面依次是深圳、上海、广州、杭州、南京、成都、郑州、济南和武汉。成都位列第七，与上期结果持平。对比这些排名前十的城市可以看出，在信贷市场方面，北京、上海和深圳表现突出，它们在存贷款绝对量和相对量上均有明显优势；在债券市场方面，北京、上海、深圳、南京和广州位列前五，不仅信用债存量规模巨大，而且2018年信用债的增量规模也十分可观；在股票市场方面，北京、深圳和上海明显领先其他城市，无论是上市公司的数量和市值，还是证券交易金额，都与其他城市不在同一量级之上；在货币市场方面，上海、深圳、北京和广州具有较为明显的领先优势；在保险市场方面，郑州、北京、深圳和广州位列前四，郑州在“保险深度”这一指标中居于首位，且与其他城市拉开了较大差距，突出的竞争实力直接推升了其排名。其他直接融资市场包括地方股权融资市场、并购交易以及私募股权和风险投资（PEVC）市场，北京、上海和深圳的排名靠前，表明它们在金融市场方面有着非常明显的优势。

表3-4　金融市场子指数得分情况

城市	金融市场指数	信贷市场	债券市场	股票市场	货币市场	保险市场	其他直接融资市场
北京	82.51	80.80	100.00	80.19	91.29	64.98	77.78
深圳	72.76	66.02	72.28	79.62	93.66	62.27	62.70
上海	70.18	71.77	82.95	58.48	100.00	41.08	66.77
广州	51.73	53.24	60.68	29.32	87.08	57.29	22.74

续表3-4

城市	金融市场指数	信贷市场	债券市场	股票市场	货币市场	保险市场	其他直接融资市场
杭州	50.91	59.51	56.53	29.76	74.30	50.79	34.55
南京	46.87	52.16	62.64	27.81	68.43	51.61	18.57
成都	43.26	54.83	47.22	27.18	68.01	51.26	11.07
郑州	39.86	38.02	45.97	12.67	62.04	65.14	15.35
济南	37.88	36.91	42.70	13.19	77.42	45.79	11.25
武汉	37.36	38.91	45.54	21.44	58.18	39.03	21.05

从表 3-5 和表 3-6 的具体指标分析来看，对于“存贷款总额”，各城市相较上年都有了不同程度的增长。北京、上海和深圳的存贷款总额超过 10 万亿元，北京更是达到了 22 万亿元，与其他城市拉开了明显差距，北京、上海和深圳在信贷市场的总量规模上具有绝对领先优势；第二梯队城市的广州、杭州、成都和南京，其存贷款总量超过了 6 万亿元，属于“巨无霸”类型的城市。从相对量的“存贷款总额占国内生产总值（GDP）比重”来看，横向比较而言，北京以 750.58%的成绩遥遥领先其他城市；纵向比较而言，多数城市的指标值与去年相比有所上升，各市在推动经济发展的同时，存贷款以更快的速度增长。从“信用债存量”与“信用债发行量”来看，北京一枝独秀居于首位，两个指标分别在 11 万亿元和 8 万亿元以上；上海、深圳和南京紧随其后，存量和增量都在 1 万亿元以上；其他城市的信用债指标规模也较上期有所提升。从“A 股上市公司数量”来看，北京、上海和深圳明显处于第一梯队，拥有约 300 家 A 股上市公司，杭州的上市公司数量也达到 130 家；广州、南京和成都处于第二梯队，提升空间较大。从“上市公司市值占 GDP 比重”来看，北京位居第一，以绝对优势领先其他城市，上海和深圳均超过了 1%，表现可圈可点。在货币市场方面，北京和上海在“辖内银行办理跨境人民币结算额”方面全国领先，上海的“银行

承兑汇票累计发生额”规模巨大。在保险市场方面，绝大多数城市的保险密度和保险深度稳步增加，深圳在保险密度方面具有突出优势。其他直接融资市场包括了地方股权融资市场、并购交易和PEVC市场，北京、上海和深圳再次把其他城市甩在后面，这表明北京、上海、深圳在金融市场方面还是有非常明显的优势。

表3-5　金融市场部分指标1

指标	存贷款总额/万亿元	存贷款总额占GDP比重/%	信用债存量/万亿元	信用债发行量/万亿元	A股上市公司数量/家	上市公司市值占GDP比重/%
北京	22.8	750.58	11.57	8.40	317	4.97
深圳	12.5	516.43	1.99	1.94	285	2.20
上海	19.4	594.81	3.35	4.07	282	1.38
广州	9.6	417.94	1.08	0.92	98	0.53
杭州	7.6	565.61	0.82	0.74	130	0.98
南京	6.4	496.01	1.12	1.12	83	0.71
成都	7.0	459.26	0.47	0.43	75	0.37
郑州	4.2	423.62	0.47	0.37	24	0.17
济南	3.4	434.29	0.40	0.29	25	0.33
武汉	5.4	367.76	0.47	0.35	57	0.33

表3-6　金融市场部分指标2

指标	辖内银行办理跨境人民币结算额/万亿元	银行承兑汇票承兑累计发生额/万亿元	保险密度/元·人$^{-1}$	保险深度/%	进行并购交易的企业数量/家	获得PEVC投资的公司数量/家
北京	2.20	0.61	8 324.67	5.91	838	1439
深圳	1.42	0.94	9 146.75	4.92	449	505
上海	2.55	1.29	5 799.99	4.30	603	812
广州	0.97	0.61	7 802.13	5.09	230	194

续表3-6

指标	辖内银行办理跨境人民币结算额/万亿元	银行承兑汇票承兑累计发生额/万亿元	保险密度/元·人$^{-1}$	保险深度/%	进行并购交易的企业数量/家	获得 PEVC 投资的公司数量/家
杭州	0.18	0.42	6 767.29	4.91	253	365
南京	0.08	0.34	7 154.29	4.71	136	108
成都	0.04	0.44	5 677.28	6.04	151	103
郑州	0.03	0.28	6 992.90	6.99	67	10
济南	0.06	0.93	5 570.75	5.29	65	11
武汉	0.02	0.22	5 604.37	4.18	140	78

二、金融机构子指数

在金融机构子指数中，天府金融指数主要从银行、券商、保险、资产管理和其他金融中介方面进行比较分析，金融机构子指数得分见表 3-7。根据金融机构子指数得分情况来看，北京位列第一，后面依次是上海、深圳、广州、成都、杭州、天津、南京、重庆和西安。对比排前十位的城市，北京、上海和深圳继续处于领先位置，成都排名相较上期维持不变，杭州和西安有较大提升，南京出现小幅下降，其他城市排名变化不大。杭州排名取得较大提升的主要原因是区域内券商资管子公司表现优异。从银行的发展来看，2018 年北京、上海、深圳、成都和广州仍然保持前五名。从券商金融机构来看，2018 年深圳、上海和北京依然位列全国三强，三座城市的券商总部众多，各项业务实力雄厚。从保险金融机构来看，2018 年北京、深圳和天津位列前三，上海保险排名小幅下滑，主要原因是保险公司受监管影响，整体盈利水平回落。在资产管理行业，上海、深圳和北京位居前三，领先优势明显，杭州、天津和广州位于第二梯队。

表 3-7 金融机构子指数得分

城市	金融机构指数	银行	券商	保险	资产管理	其他金融中介
北京	80.92	81.04	63.72	96.23	63.59	100.00
上海	72.56	75.52	79.52	53.91	100.00	53.85
深圳	68.99	63.92	85.14	74.95	69.64	51.28
广州	42.61	59.06	32.83	44.79	23.14	53.21
成都	41.78	60.88	38.79	51.78	15.79	41.67
杭州	39.27	52.06	39.78	34.21	27.37	42.95
天津	38.19	50.40	26.97	55.59	23.38	34.62
南京	37.29	50.10	37.40	44.09	14.48	40.38
重庆	34.49	54.37	24.08	48.76	13.21	32.05
西安	33.52	48.28	27.77	40.90	12.86	37.82

从表 3-8 和表 3-9 的具体指标分析来看，2018 年“本地法人银行的资产总和”排名前三的城市仍然是北京、上海和深圳。从“本地法人银行的贷款损失/总贷款”指标来看，2018 年各地的贷款损失率均较 2017 年有小幅度上涨，这表明在金融供给侧结构性改革和“中美贸易摩擦”的双重冲击下，实体行业在融资和销售上进一步承压，违约风险上升。从“本地法人银行的 ROAE[①]”来看，2018 年盈利能力排名前三的是成都、重庆和广州。从“本地法人券商总收入”来看，上海和深圳的券商收入排名各上升 1 位，北京的券商收入排名下降 2 位，但它们依旧位居前三。从 2018 年的“本地法人券商的净资产收益率（ROE）”来看，杭州增长较快，这主要是因为辖内券商资管子公司盈利能力较强。具体地，其辖内券商财通证券的资管子公司，其全年净资产利润率达 9.91%，处于行业领先水平。就“本地法

① ROAE 为“Retern On Avg Equity”的缩写，指平均股权收益率，指标源自 BANKSCOPE 数据库。

人保险机构数”而言，北京、上海和深圳位居全国前三。相较 2017 年，2018 年各地保险机构数量基本保持稳定。从“本地法人保险机构的 ROE”来看，2018 年深圳、西安和成都的保险机构盈利水平位居全国前三。相较 2017 年，保险业 2018 年的整体盈利水平进一步下滑。在监管趋严的环境下，保险行业经历结构性调整阵痛，万能险产品发展进一步受到挤压。在本轮保险结构型调整中，深圳的经验值得学习。2018 年，深圳财产险和寿险均表现突出，增长率分别高于全国 18.16 个百分点和 10.54 个百分点。产险中，非车险业务发展迅猛，保证保险、工程险和健康险增速较快；人身险结构趋于合理，意外险和健康险快速增长，投连险产品明显下降，风险趋于可控。从“本地法人公募基金管理个数”来看，上海、深圳和北京位居全国前三，其他城市的情况相较 2017 年保持稳定。从“本地法人阳光私募基金发行产品个数”来看，上海、北京和深圳依旧位列前三。就“30 强会计师事务所数量”而言，北京、上海、深圳、广州和成都均拥有 24 家及以上，其他主要城市的排名保持稳定。就“百强资产评估机构数量”而言，北京优势十分突出，其他主要城市变化不大。

表 3-8　金融机构部分指标 1

指标	本地法人银行的资产总和/万亿美元	本地法人银行的贷款损失（总贷款）/%	本地法人银行的ROAE/%	本地法人券商个数/家	本地法人券商总收入/亿元	本地法人券商的 ROE/%
北京	18.54	2.68	9.34	18	505.95	1.81
上海	3.02	2.72	7.08	25	1 017.83	−1.68
深圳	1.53	3.05	8.44	22	920.87	2.84
广州	0.53	2.54	11.09	3	189.59	1.52
成都	0.18	2.43	14.21	4	73.20	4.48
杭州	0.42	4.50	10.96	5	78.02	4.30
天津	0.31	3.99	9.11	1	15.97	2.35

续表3-8

指标	本地法人银行的资产总和/万亿美元	本地法人银行的贷款损失(总贷款)/%	本地法人银行的ROAE/%	本地法人券商个数/家	本地法人券商总收入/亿元	本地法人券商的ROE/%
南京	0.52	3.14	8.33	2	173.42	3.80
重庆	0.23	3.22	11.53	1	27.44	1.19
西安	0.09	3.48	10.20	3	26.42	1.57

表3-9　金融机构部分指标2

指标	本地法人保险机构数/家	本地法人保险机构的ROE/%	本地法人公募基金管理个数/家	本地法人阳光私募基金发行产品个数/个	30强会计师事务所数量/家	百强资产评估机构数量/家
北京	59	1.46	23	2 658	29	39
上海	44	−75.78	64	3 420	27	6
深圳	21	4.09	32	1 973	27	4
广州	5	−5.66	2	604	26	7
成都	4	2.90	0	228	24	1
杭州	3	−25.39	3	784	22	5
天津	6	2.01	1	91	19	3
南京	3	1.91	0	122	22	3
重庆	6	−2.06	2	70	15	7
西安	2	3.87	1	109	20	4

三、从业环境子指数

在从业环境子指数中，天府金融指数主要从基础设施、城市环境、制度环境和经济环境进行比较分析，从业环境子指数得分情况见图3-1。依据从业环境子指数得分，上海位列第一，后面依次是北京、深圳、广州、杭州、厦门、南京、成都、天津和宁波。对比排名前十的城市，上海、北京和深圳位列第一梯队，广州、杭州、厦门、南京和成都位列第二梯队，天津和宁波位列第三梯队。在基础设施方面，深圳位居首位，北京紧随其后，广州和上海的得分也在 50 分以上。在城市环境方面，厦门依旧位居第一，上海、天津和重庆在城市环境方面也具有一定竞争力。在制度环境方面，上海排名第一，与其他城市拉开了较大差距，北京、杭州和深圳为第二梯队，在制度环境方面具有一定的竞争力。在经济环境方面，北京排名第一，深圳以微小差距位列第二，广州排名第三，上海和杭州为第二梯队城市。成都总体排名相比上期上升一位，主要得益于其经济环境的持续优化。

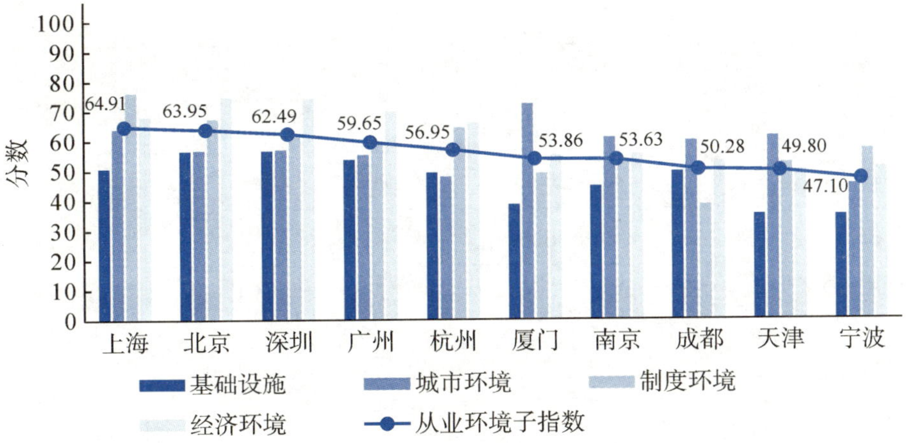

图 3-1 从业环境子指数得分情况

从表 3-10 表 3-11 的具体指标分析来看，交通领域主要关注城市交通和城际交通。在城市交通中的“城轨交通运营线路长度”方面，上海排名第一，北京排名第二，水平远超其他城市，广州、南京、武汉和成都排名次之。在“机场旅客吞吐量”方面，上海和北京分列第一、第二，遥遥领先，广州、成都和深圳位列其后。在医疗方面，“每千人执业医师数量”的指标中北京优势突出，上海和杭州排名靠前。在信息基础设施方面，深圳在“人均移动电话数量”的指标中居于首位，与第二名的广州拉开了较大差距，北京、厦门和杭州紧随其后。在“市区绿化覆盖率”方面，北京、深圳、南京和厦门位列前四。在“突发环境事件数量”方面，上海和天津表现优异，成都、深圳和北京有较大进步空间。在制度环境中，“司法文明指数”排名靠前的城市包括宁波、杭州、上海和南京。在“中国城市商业信用环境指数”方面，北京、上海、深圳、广州和成都排名靠前。在经济环境方面，从GDP来看，上海、北京、深圳和广州占据前四；从人均GDP来看，深圳、广州、南京位居前三，而成都排名较低，在从业环境排名前十的城市中居于末位。

表3-10　从业环境相关指标1

指标	城轨交通运营线路长度/千米	机场旅客吞吐量/万人次	每百人医院、卫生院床位数量/张	每千人执业医师数量/名	人均移动电话数量/部·人$^{-1}$
上海	784.60	11 763.43	0.48	2.7	2.27
北京	713.00	10 749.60	0.52	4.1	2.76
深圳	297.60	4 934.90	0.32	1.9	6.53
广州	463.90	6 972.04	0.56	1.9	3.49
杭州	114.70	3 824.16	0.74	2.7	2.31
厦门	30.30	2 655.34	0.35	1.9	2.64
南京	394.30	2 858.15	0.56	2.3	1.67
成都	329.80	5 295.05	0.79	2.0	1.89
天津	226.80	2 359.14	0.39	2.5	1.51
宁波	74.50	1 171.84	0.43	2.7	2.05

表 3-11 从业环境相关指标 2

指标	市区绿化覆盖率/%	突发环境事件数量/次	司法文明指数	中国城市商业信用环境指数	GDP/亿元	人均 GDP/元
上海	39.10	0	71.50	87.00	32 679.87	135 000
北京	48.42	11	68.70	90.63	30 320.00	140 211
深圳	45.10	20	69.70	82.13	24 221.98	189 568
广州	42.50	14	69.70	80.82	22 859.35	155 491
杭州	39.96	4	73.10	75.38	13 509.20	140 180
厦门	43.59	4	70.00	75.71	4 791.41	118 015
南京	44.90	2	71.20	75.09	12 820.40	152 886
成都	41.63	8	68.70	78.77	15 342.77	94 782
天津	36.84	0	69.10	78.07	18 809.64	120 711
宁波	39.85	2	73.10	70.65	10 745.50	132 603

四、人力资源子指数

在人力资源子指数中，天府金融指数主要从人力资源数量、人力资源质量、人力资源基础和人力资源潜力进行比较分析，人力资源子指数得分情况见图 3-2。根据人力资源子指数得分情况，北京位列第一，后面依次是上海、深圳、广州、天津、杭州、西安、武汉、成都和南京。相比上期的排名结果（北京、上海、深圳、西安、成都、广州、武汉、天津、长沙和杭州），北京、上海和深圳保持前三名的优势地位，其中北京得分大幅领先其他城市，深圳与上海的分值差距有所扩大。杭州和天津的人力资源指数排名分别提升 4 位和 3 位，西安下降 3 位。天津排名的提升得益于 2018 年其在学龄前教育和义务教育标准化建设上的突出成绩，成为全国首家“三全育人”综合改革试点市。

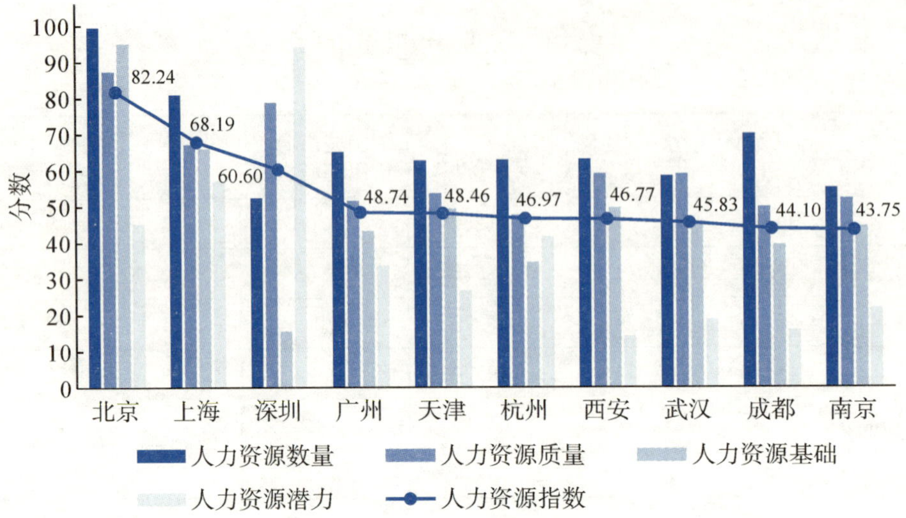

图 3-2　人力资源子指数得分情况

从表 3-12 的具体指标分析来看，上期有北京、上海、天津、杭州、成都、深圳和广州 7 座城市的“金融行业从业人员数量”超过了 10 万人，而本期广州有所下降，退出了 10 万人这一行列，新增了西安，反映出西安金融业的蓬勃发展。从“博士毕业人员数量”来看，本期北京和上海均超过 1 万人，水平领先其他城市；深圳和天津超过 8 000 人；相较上期，广州、成都博士毕业人数降至 8 000 人以下。从“全国百强高中数量”来看，北京和上海依旧表现突出，分别拥有 4 所百强高中，广州、天津、西安和武汉次之。在“‘双一流’建设高校数量”中，深圳的高校分校建设快速推进。从“高等学校在校生人数”来看，规模超过 80 万人的城市包括广州、武汉和成都，其中成都为本期新增城市，西安和南京则降至 80 万人以下。在“每百人教育支出”中，北京、深圳和上海依旧表现优异。

表 3-12　人力资源相关指标

指标	金融行业从业人员数量/万人	博士毕业人员数量/万人	全国百强高中数量/所	"双一流"建设高校数量/所①	高等学校在校生人数/万人	每百人公共图书馆藏书/册	每百人教育支出/万元
北京	54.45	3.63	4	8	59.29	127	44.44
上海	24.55	1.96	4	4	51.49	321	36.14
深圳	10.31	0.86	1	3.5	8.06	325	40.64
广州	9.28	0.58	3	2	106.73	180	27.89
天津	11.94	0.84	3	2	51.47	107	27.96
杭州	11.49	0.50	2	1	42.58	241	29.50
西安	14.14	0.55	3	3	72.68	128	13.92
武汉	8.44	0.59	3	2	94.77	76	24.60
成都	12.66	0.65	2	2	81.74	125	15.62
南京	8.62	0.45	2	2	72.15	84	26.14

五、科技金融子指数

科技金融子指数包含科技金融基础和科技金融发展两个二级指标。根据图 3-3 的科技金融子指数得分情况，北京依旧位居榜首，以 84.08 分远超其他城市；深圳和上海位于第二梯队，虽然相较北京存在差距，但也大幅领先其他城市，得分在 12 分以上；杭州、武汉、重庆和成都分值较为相近，彼此之间有实现赶超的可能。与上期相比，成都的排名略有下降，武汉则从上期的第十一名上升至第六名。

从科技金融基础和科技金融发展来看，北京保持绝对领先优势，稳居榜首；而深圳、广州、上海和杭州在科技金融基础方面的排名靠前。在科技企业方面，北京依然高居榜首，深圳、上海和杭州分列第二、第三、第

① 分校、研究院数量为 0.5 所。

四位。在军民融合方面，北京同样位居第一，重庆、上海、深圳和成都排名靠前。武汉军民融合排名提升明显，从上期的第十九名升至本期的第九名。

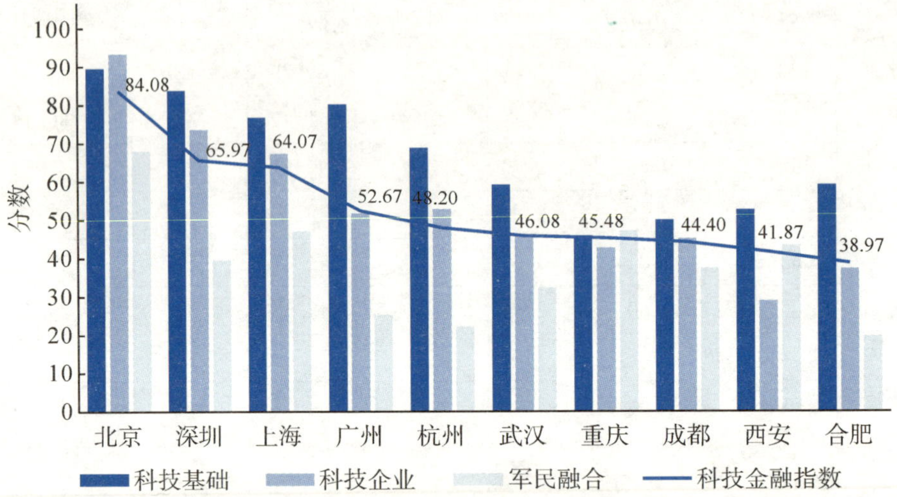

图 3-3 科技金融子指数得分情况

从表 3-13 科技金融的具体指标来看，在“科学技术支出占财政支出比重”方面，广州排名第一，深圳和合肥次之。在“专利授权数量”方面，深圳位列第一，北京和广州紧随其后。在“研究与试验发展（R&D）人员”方面，北京和深圳优势突出，指标数值是成都和重庆的 3 倍左右；上海和广州保持相对优势；对于杭州、南京、重庆和成都等第二梯队城市而言，彼此间有赶超的可能。

表 3-13 科技金融相关指标 1

城市	科学技术支出占财政支出比重/%	专利授权数量/件	研究与试验发展经费支出 GDP 比重/%	研究与试验发展（R&D）人员/万人
北京	5.30	106 948	5.64	39.73
深圳	7.66	139 827	2.61	36.98

续表3-13

城市	科学技术支出占财政支出比重/%	专利授权数量/件	研究与试验发展经费支出 GDP 比重/%	研究与试验发展(R&D)人员/万人
上海	5.17	72 806	4.00	26.23
广州	7.83	94 903	2.61	25.10
杭州	5.99	63 876	2.45	16.69
武汉	6.54	19 538	1.92	9.91
重庆	1.37	34 780	1.87	13.20
成都	3.03	32 057	1.72	12.10
西安	4.33	21 287.3	2.10	9.29
合肥	7.21	17 131	2.05	6.72

北京、深圳和上海三座城市在科技企业方面占据绝对优势，反映出高新技术企业和科技类企业集中于“北上深”三大城市的态势。广州科技类企业 A 股上市公司数量、市值和获得 PEVC 投资数量与同属第二梯队的杭州相比，都有一定差距。重庆、南京、成都和武汉对高新技术产业的投入量较大，但其高新技术企业的盈利能力有待提高（见表 3-14）。

表 3-14　科技金融相关指标 2

城市	高新技术企业总收入/亿元	高新技术产业投资额/亿元	科技类企业 A 股上市公司数量/家	科技类企业 A 股上市公司市值/亿元	科技类企业并购交易数量/家	科技类企业获得 PEVC 投资数量/家
北京	27 417.10	201.10	62	4 917.87	319	909
深圳	23 278.72	884.06	41	5 243.35	114	304
上海	23 374.22	233.00	27	2 116.34	147	511
广州	10 247.75	600.03	11	559.30	70	121
杭州	7 354.28	270.11	22	1 742.44	72	256
武汉	7 437.18	681.80	11	765.47	30	35
重庆	8 595.97	1 201.90	2	404.51	14	13

续表3-14

城市	高新技术企业总收入/亿元	高新技术产业投资额/亿元	科技类企业A股上市公司数量/家	科技类企业A股上市公司市值/亿元	科技类企业并购交易数量/家	科技类企业获得PEVC投资数量/家
成都	4 075.71	792.43	12	717.46	36	64
西安	3 939.23	462.85	1	22.63	8	12
合肥	2 800.47	542.73	4	713.97	9	15

军民融合方面，北京整体实力强劲，得分远高于其他城市，重庆、上海和西安为第二梯队城市。在“军民融合上市公司数量”方面，北京优势突出，上海和天津也具有一定竞争力。在“军民融合上市公司借款总额占总负债比重”方面，深圳和上海排名靠前，成都也取得了不错的成绩。广州、重庆和合肥需要进一步推动更多的军民融合企业上市，西安应该提高军民融合企业的贷款能力（见表3-15）。

表3-15　科技金融相关指标3

城市	军民融合上市公司数量/家	军民融合上市公司借款总额占总负债比重/%	国家级军民融合产业基地数/个
北京	14	0.32	1
上海	7	0.39	0
深圳	4	0.36	1
杭州	2	0.36	0
广州	1	0.35	0
成都	2	0.47	0
重庆	1	0.22	2
天津	7	0.36	0
西安	3	0.08	2
合肥	1	0.31	0

六、绿色金融子指数

在绿色金融子指数中，上期位列全国前十的城市是北京、上海、深圳、重庆、成都、杭州、广州、武汉、郑州和太原；而本期排名前十的城市是北京、重庆、深圳、上海、成都、杭州、郑州、石家庄、青岛和广州（见图 3-4）。其中，北京、深圳、成都和杭州的排名不变，其余城市的排名均有变化。重庆的排名从上期的第四位上升至本期的第二位，主要源于在保持绿色金融基础的领先优势下，重庆“环保公共服务类企业 A 股上市公司市值”大幅提高。由此可见，重庆比较注重绿色金融的发展，广泛吸引社会资本进入绿色环保产业。上海的排名从上期的第二位下降至本期的第四位，主要源于“环保公共服务类企业 A 股上市公司市值”和“绿色债券发行额”有所下降。石家庄本期重返前十名单，青岛则是首次进入前十名单。

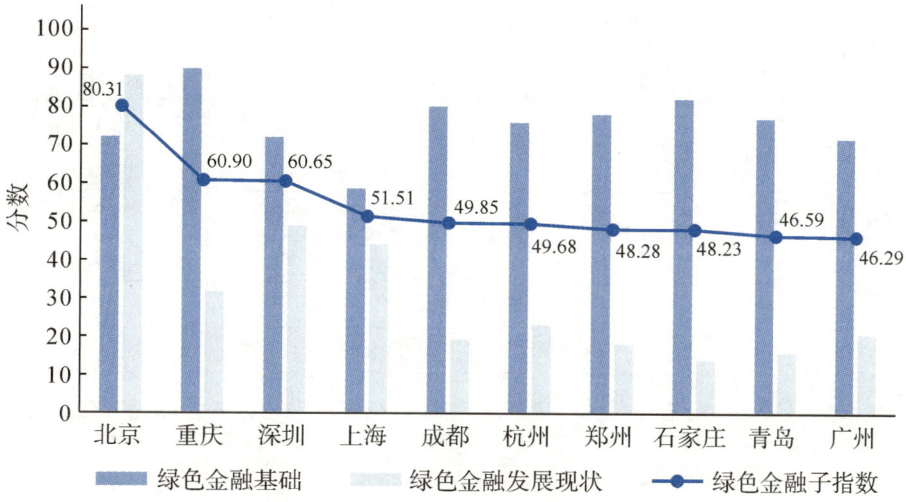

图 3-4 绿色金融子指数得分情况

绿色金融一级指标包含绿色金融基础和绿色金融发展现状两个二级指标。在“绿色金融基础”方面，重庆、石家庄和成都表现突出；郑州、青岛、杭州、北京、深圳和广州超过 70 分，上海相对落后。在 绿色金融发展现状”方面，北京以88.37分的成绩位居榜首，大幅领先其他城市，深圳和上海次之，其他城市在此方面还处于发展起步阶段。

从绿色金融基础得分来看，重庆位列第一，石家庄和成都次之，随后依次为郑州、青岛、杭州、北京、深圳、广州和上海。从“生活垃圾无害化处理率”来看，上海、杭州、青岛表现突出，均取得满分，其他城市也均在98分以上。从“污水处理厂集中处理率”来看，石家庄、郑州、青岛表现突出，其他城市也均在90分以上。从“人均用水量”来看，北京、青岛、石家庄、郑州、重庆表现较好。从“城市道路交通噪声监测情况——路段超标率”来看，重庆、石家庄、杭州和成都表现较好。绿色金融基础指标见表3-16。

表3-16　绿色金融基础指标

城市	绿色金融基础得分	生活垃圾无害化处理率/%	污水处理厂集中处理率/%	人均用水量/立方米	环境保护系统年末机构总数/个	城市道路交通噪声监测情况——路段超标率/%
北京	72.25	99.90	94.98	181.90	108	43.20
重庆	90.11	99.40	94.72	252.80	1 134	18.30
深圳	72.15	98.00	96.36	391.10	369	47.70
上海	58.75	100.00	93.99	433.30	69	55.80
成都	80.38	98.50	94.64	324.10	576	29.40
杭州	76.21	100.00	95.25	319.20	197	26.70
郑州	78.33	99.70	98.03	244.90	294	41.90
石家庄	82.44	99.80	99.44	242.30	204	22.60
青岛	77.28	100.00	97.04	210.00	150	33.30
广州	71.87	98.00	95.00	391.10	231	34.60

从绿色金融发展现状得分来看，北京依然具有绝对优势。无论是绿色金融发展现状得分、环保公共服务类企业A股上市公司数量和市值，还是绿色债券发行额、碳排放累计成交额和成交量指标，北京都处于全国第一

位。深圳和上海处于第二梯队，其绿色金融发展处于起步阶段。从绿色金融创业股权投资来看，在上期指标中，除去北京，其他城市环保公共产业企业获PEVC投资的数量均为零。2018年，深圳、上海和青岛实现了零突破，其余城市也应该在此方面加快发展，防止落后。从环保领域来看，深圳和广州注重本级环保能力建设，北京注重环境污染治理。绿色金融发展现状指标见表3-17。

表3-17　绿色金融发展现状指标

城市	绿色金融发展现状得分	环保公共服务类企业A股上市公司数量/家	环保公共服务类企业A股上市公司市值/亿元	环保公共产业企业进行并购交易的数量/家	环保公共产业企业获PEVC投资的数量/家	绿色债券发行额/亿元	碳排放累计成交额/亿元	碳排放累计成交量/万吨	本级环保能力建设资金使用总额/亿元	环境污染治理投资占GDP比重/%
北京	88.37	12	1245.78	17	5	499.63	1.77	306.30	10.58	2.38
重庆	31.68	2	305.37	8	0	101.00	0.01	26.06	16.78	1.14
深圳	49.16	7	1 017.64	6	1	55.79	0.34	124.06	203.79	0.41
上海	44.26	4	118.94	9	1	25.08	0.88	235.70	36.25	0.53
成都	19.32	3	167.63	5	0	30.00	0	0	10.17	0.83
杭州	23.16	6	344.24	5	0	12.00	0	0	6.96	0.87
郑州	18.22	2	78.16	4	0	15.00	0	0	14.81	1.43
石家庄	14.02	0	0	0	0	88.30	0	0	35.83	1.68
青岛	15.91	0	0	4	1	34.50	0	0	25.09	1.31
广州	20.70	3	99.81	3	0	68.00	0	0	138.32	0.41

七、文化金融子指数

文化金融子指数排名前十的城市如图3-5所示。其中，北京（86.12）排名第一，处于绝对优势；上海（67.22）排名第二，深圳（56.24）、广州（48.19）和杭州（45.57）分列第三、第四、第五名；成都（43.85）则排名第六。

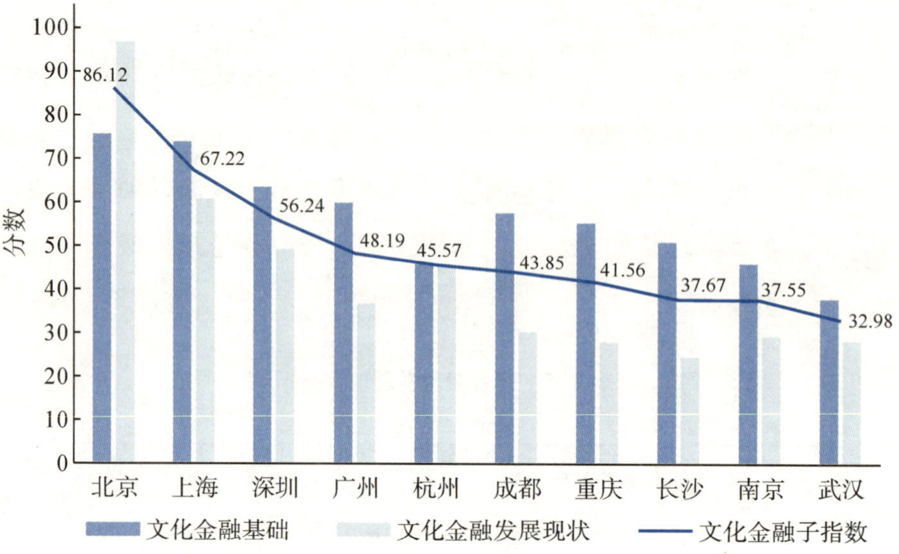

图 3-5 文化金融子指数得分情况

文化金融子指数可以分为两类指标：一类是文化金融基础；另一个是文化金融发展现状。在“文化金融基础得分”方面，北京、上海和深圳连续三年排名前三。其中，北京位居首位主要得益于其较高的“国家 4A 级、5A 级景区数量”“出版物发行网点数量”和“公共财政文化体育与传媒支出”；上海名列第二，得益于其在“电影票房收入”和“文教娱乐现金消费支出占可支配收入比重”方面的突出表现；深圳、广州、成都和重庆紧随其后，成都在文化基础方面有一定优势。文化金融基础指标见表 3-18。

表 3-18 文化金融基础指标

城市	文化金融基础得分	PC 浏览量占比/%	电影票房收入/亿元	国家4A级、5A级景区数量/个	文化市场经营机构数量/个	出版物发行网点数量/处	公共财政文化体育与传媒支出/亿元	文教娱乐现金消费支出占可支配收入比重/%
北京	75.54	3.62	34.31	72	3 183	8 922	208.96	4.31
上海	73.78	3.08	35.71	61	4 072	3 360	191.32	5.27

续表3-18

城市	文化金融基础得分	PC 浏览量占比/%	电影票房收入/亿元	国家4A级、5A级景区数量/个	文化市场经营机构数量/个	出版物发行网点数量/处	公共财政文化体育与传媒支出/亿元	文教娱乐现金消费支出占可支配收入比重/%
深圳	63.40	12.71	22.50	9	9 028	3 290	120.16	3.91
广州	59.77	12.71	22.08	27	6 128	2 233	81.56	3.91
杭州	45.65	6.12	14.80	36	5 227	3 356	47.70	3.14
成都	57.51	4.66	18.90	46	8 553	4 501	71.35	4.22
重庆	55.21	2.03	15.25	94	7 263	4 209	48.89	3.59
长沙	50.92	3.68	8.58	20	6 567	4 258	63.41	5.38
南京	45.84	7.34	10.87	19	4 315	3 260	38.38	4.25
武汉	37.78	3.61	14.84	25	4 729	1 798	40.14	3.24

在“文化金融发展现状得分”方面，北京优势突出，无论是在“文化产业企业A股上市公司市值”方面还是在“文化产业企业获得PEVC投资数量”方面，其表现都遥遥领先于其他城市，这反映出北京在推进全国文化中心建设过程中所做的实际努力。上海和深圳也具备较大的领先优势。上海大力推进文化产业投资，在各省（自治区、直辖市）对文化产业的投资量呈现明显下滑的态势下，其文化产业投资额大幅提升。深圳获得PEVC投资或者进行并购交易的文化产业企业数量较上期有所增加。杭州和广州在推动风险资本支持本地文化产业企业方面付出了诸多努力，获得PEVC投资的企业数量是上期的2～3倍。文化金融发展现状指标见表3-19。

表3-19 文化金融发展现状指标

城市	文化金融发展现状得分	文化产业企业A股上市公司数量/家	文化产业企业A股上市公司市值/百亿元	文化产业企业进行并购交易数量/家	文化产业企业获得PEVC投资数量/家	文化产业本年完成投资额/亿元
北京	96.71	40	48.67	83	215	1.86

续表3-19

城市	文化金融发展现状得分	文化产业企业A股上市公司数量/家	文化产业企业A股上市公司市值/百亿元	文化产业企业进行并购交易数量/家	文化产业企业获得PEVC投资数量/家	文化产业本年完成投资额/亿元
上海	60.65	22	17.84	24	85	7.14
深圳	49.08	29	15.75	17	29	0.31
广州	36.61	14	12.94	9	15	0.21
杭州	45.48	17	34.79	5	21	0.99
成都	30.19	8	3.57	7	7	0.71
重庆	27.92	3	4.61	3	2	0.92
长沙	24.43	7	4.56	6	4	0.07
南京	29.25	5	4.95	4	6	0.73
武汉	28.19	5	1.85	5	12	1.73

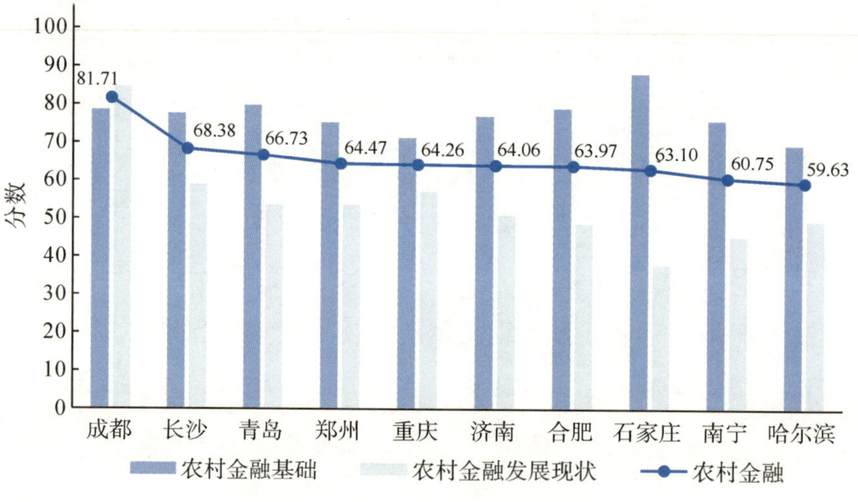

图 3-6　农村金融子指数得分情况

八、农村金融子指数

在农村金融子指数中，成都位列第一，以 81.71 分继续稳居榜首；而第二名的长沙（68.38），也与成都存在较大差距（见图 3-6）。2018 年，成都继续在涉农领域保持大力度投入；同时，重庆和哈尔滨在农村金融领域的排名相较 2017 年有较大提升。从农村金融的两个子指标来看，第一产业的发展水平决定了农村金融的基础实力，成都 2018 年在巩固过去优势的同时，继续提升其农村金融基础水平，排名较 2017 年上升 1 位。此外，在农村金融排名前十的城市中，石家庄和南宁都在农村金融基础领域取得了小幅提升。农村金融基础指标见表 3-20。

表 3-20 农村金融基础指标

城市	农村金融基础得分	第一产业增加值/亿元	农用机械总动力/万千瓦	镇区及乡村消费品零售额占全社会消费品零售额的比重/%	农村居民个人固定资产投资完成额/亿元
成都	78.63	522.59	4 267.30	42.10	666.20
长沙	77.72	318.73	6 097.50	42.60	631.10
青岛	79.87	386.90	9 797.60	38.50	966.70
郑州	75.35	147.05	9 855.00	42.90	606.60
重庆	71.36	1 378.27	1 318.70	33.70	96.50
济南	77.04	272.42	9 797.60	38.50	966.70
合肥	79.12	277.59	6 867.50	44.80	458.70
石家庄	88.25	420.50	7 402.00	51.90	394.60
南宁	76.04	421.56	3 527.30	42.90	590.80
哈尔滨	69.62	525.50	5 634.30	26.90	212.30

在农村金融发展指标（见表 3-21）中，重庆和哈尔滨的进步较大。重庆响应《中共中央国务院关于实施乡村振兴战略的意见》的号召，新型农村金融机构从业人数和资产总额稳步上涨，“两权”试点县范围进一步扩大，2018 年全年本外币涉农贷款余额为 5 380.2 亿元。同年，哈尔滨的新型农村金融机构从业人数和资产总额也取得了较大增长。

表 3-21　农村金融发展指标

城市	农村金融发展得分	农业及相关服务业企业A股上市公司数量/家	农业及相关服务业企业A股上市公司市值/亿元	小型农村金融机构从业人数/万人	小型农村金融机构资产规模/万亿元	新型农村金融机构从业人数/百人	新型农村金融机构资产总额/亿元
成都	84.79	6	487.15	347.81	0.94	21.23	366.12
长沙	59.03	3	231.96	171.77	0.47	9.56	237.31
青岛	53.59	1	44.96	132.68	0.47	14.67	223.20
郑州	53.60	0	0.00	234.44	0.66	32.47	476.86
重庆	57.15	1	93.81	155.86	0.92	89.94	2 421.00
济南	51.08	0	0.00	140.86	0.50	15.57	236.95
合肥	48.82	3	94.51	99.14	0.37	12.40	193.04
石家庄	37.95	0	0.00	117.01	0.39	10.96	128.17
南宁	45.47	2	67.95	88.42	0.29	12.24	159.59
哈尔滨	49.63	2	166.24	132.55	0.34	22.19	407.82

九、观察的新兴金融业态

天府金融指数将消费金融列入观察的新兴金融业态，从消费金融基础和消费金融发展两个方面对2018年的全国35个中心城市的消费金融发展进行评价。具体指标包括消费能力，消费风险分担水平，消费金融公司牌照，社会消费品零售总额，批发零售业法人企业数量，消费和奢侈品类企业A股上市公司数量，市值、消费和奢侈品类企业进行并购交易的数量，消费和奢侈品类企业获得PEVC投资的数量。但是，由于无法获得相关银行信贷的数据，这个指标体系可能存在一定的缺陷。从这些指标来看，北京、上海和深圳属于第一梯队，具有明显优势；成都、广州和杭州属于第二梯队，略微领先于其他城市。从分析来看，除了北京、上海这些超一线城市，成都、南京和大连比较具有发展消费金融的潜力。

数字普惠金融发展是天府金融指数第二个观察的新兴金融业态。由于概念界定较为模糊，我们没有统一的指标体系可进行参考和度量。天府金融指数的数字普惠金融发展子指数主要参考指标包括小微企业贷款增速、涉农贷款增速、互联网普及率、P2P 平台数目、第三方支付牌照数目、相关领域（移动支付、第三方支付、大数据和云计算等）进行并购交易和获得 PEVC 投资的数量。从这些指标来看，除了上海、深圳、杭州、成都、北京、广州、厦门、天津、武汉、南京外，其他城市的得分都比较接近。目前，我国数字普惠金融的发展特点可总结如下：

一是和欧美国家相比，由于金融体制的现状和监管框架的差异，欧美金融科技企业主要侧重于技术创新，而中国金融科技企业主要侧重于解决金融普惠性问题和提高金融服务触达能力。

二是中国数字金融具有普惠性，运用区块链、云计算、大数据等先进技术，在为居民和小微企业提供金融服务方面进行尝试，并取得了一定的成绩。这种可复制的模式也能给其他国家提供很好的借鉴。

三是数字金融的规模效应带来了边际成本的降低以及更强的触达能力，大数据征信等都对经济的高质量增长具有重要的现实意义。

值得一提的是，数字金融科技的创新在助力普惠金融发展上起到了极大的作用，如蚂蚁金服、铜板街等一大批金融科技创新企业在移动支付、大数据风控、区块链、人工智能等领域做出了不懈努力。蚂蚁金服旗下的网商银行运用金融科技为线上客户打造了“310 模式”，深耕人工智能的铜板街打造出覆盖风控、安全、决策支持、营销等全流程、全价值链的智能金融服务体系。此外，也有传统金融机构广泛运用金融科技以及积极重构普惠金融的业务介质和业务模式的砥砺奋进，如浙商银行在“π＋计划”建设基础上推出了涌金票据池、应收款链平台、大数据风险管理等小微金融业务。

但是，普惠金融发展的难点和重点依旧在广大农村地区。一些金融机构仍试图以“城市金融”的思维发展“农村金融”市场，面对“短、小、频、急”的农村金融需求特点，市场创新动力不足。同时，农村信用体系不完善、信息基础设施滞后、金融生态环境亟待优化等因素都阻碍了农村普惠金融的发展。此外，农村产业新业态、新模式正加快发展，除农户外，各类新型农业经营主体快速发展，对金融需求越来越强烈，亟待补齐乡村金融供给不足的短板，满足农村地区日益增长的金融需求。

而数字金融科技的创新实践为打破农村金融困局、发展农村数字普惠金融提供了有效路径。金融科技得益于电商的快速发展、对金融创新宽松监管的环境和金融抑制下对长尾市场的发掘，以迅猛之势发展。以蚂蚁金服为例，其成立7年来累计服务500多万家小微企业和个人创业者，累计贷款余额有9 000多亿元，是格莱珉银行创立40多年来放贷总额的7倍；又如微众银行，“微粒贷”向传统金融机构未能覆盖的中低收入人群授信，客户遍布31个省份，截至2018年年末，各项贷款余额达1 198.1亿元，有效客户超过1亿人。

第四章

金融供给侧结构性改革引领区域金融发展

近年来，我国按照经济高质量发展要求，找准重点、痛点和堵点，深化金融供给侧结构性改革，强化金融功能，提升金融服务实体经济、服务人民美好生活的能力。各中心城市因地制宜，调整优化金融体系结构，加快多层次资本市场建设，致力于构建集风险投资、银行信贷、债券市场、股票市场等为一体的全方位、多层次金融支持服务体系，推动战略新兴产业发展和产业升级；加大金融产品创新力度，提供越来越多个性化、差异化、定制化的金融产品，支持数字经济和绿色经济；扎实做好“六稳”工作，扶持中小金融机构，重点支持符合国家产业发展方向、产品有市场的小微企业、新型科创企业和民营企业，发展普惠金融，为打赢脱贫攻坚战做出了巨大贡献。

我国幅员辽阔，东、中、西部地区经济发展水平客观上存在显著差异，整体金融水平不等，这决定了不同区域金融发展的重点各不相同。为了综合评价不同区域金融发展现状和金融供给侧结构性改革成效，促进各中心城市互学互鉴、提升金融竞争力，报告将35座中心结构性城市划分为全国性金融中心和六大区域。全国性金融中心包括北京、上海和深圳。六大区域[①]分别是：①东北地区，包括大连、沈阳、长春和哈尔滨；②北部沿海地区，包括天津、济南、青岛和石家庄；③东部沿海地区，包括杭州、南京和宁波；④南部沿海地区，包括广州、厦门、福州和海口；⑤中部地区，包括郑州、长沙、合肥、南昌、太原和武汉；⑥西部地区，包括成都、重庆、西安、昆明、南宁、西宁、乌鲁木齐、贵阳、兰州、银川和呼和浩特。

本章主要根据2019天府金融指数的结果，结合各城市金融发展的现状，从全国性和区域性两个角度分析各地区具有建设金融中心潜力的城市，为其创建全国性或区域性金融中心提出个性化的政策建议。同时，本章还

---

① 划分方式参考国务院发展研究中心发展战略和区域经济研究部的课题报告《中国（大陆）区域社会经济发展特征分析》提出的中国（大陆）区域划分新方法。

探讨了科技创新与金融创新的结合模式，为其他城市提供可复制、可推广的经验。

➔第一节　全国性金融中心

从本期天府金融指数的评价结果可见，北京、上海和深圳的金融综合发展实力位列前三，优势明显，且依托周围城市形成区域性城市群、金融圈，协同效应显著。

一、北京

在2019天府金融指数评价体系中，北京凭借78.78分的总指数稳居榜首，各子指标发展均衡，较其他城市而言优势突出。

首先，北京依托政治中心的禀赋优势，向经济中心、金融中心进一步演进，并且北京区域内产业分工逐渐明晰，首都的政治功能和北京的金融经济功能将日趋分开。北京“四个中心”建设中虽然并未提到金融中心建设，但是中国重要的金融监管部门、金融管理部门均坐落在北京，监管审批的便利优势促使四大行总部、四大资产管理公司总部选址于北京。而对于其他的总部不在北京的金融机构，亦将其在北京的分支机构作为重要的金融业务处理中心。在总部经济作用下，截至2018年年底，北京共有58家世界500强企业以及459家上市公司，区位优势日益显著。

其次，北京第三产业优势突出，从业环境优越，高科技产业集聚和全国首屈一指的配套设施极大地促进了北京人力资本的积累和金融业的进一步发展。2018年，全年第三产业总产值约占北京GDP的40%，金融则作为第三产业中的支柱产业占GDP的17%。同时，2018年北京高新技术产业增加值达6 977亿元，约占总GDP的23%。小米、知乎等优秀的互联网大数据企业均集聚于北京。北京的医疗、教育条件全国领先，三级甲等医院数量达54家，“双一流”高校达26所。

最后，北京目前的发展瓶颈在于城市群发展缓慢，难以短时间内将政治功能与经济、文化和国际交流功能分割开。北京目前计划发展以北京为中心的京津冀城市群，然而区域内发展不平衡，收入差距相对较大，矛盾突出。通州副中心方兴未艾，雄安新区建设刚刚起步，如何及时缩小区域内差距，同时引导相关部门和企业迁出北京、奔赴新区，成为北京当前亟待破解的城市发展难题。解决之道除了需要依靠行政力量的疏导外，还需要金融为新区建设提供资金支持。

北京当前的目标是建设世界一流的和谐宜居之都。因此，“大城市病”以及区域周边发展差距明显的问题将是当前亟待解决的问题。在发展过程中，北京应严格遵循既定的《京津冀协同发展规划纲要》和《北京城市总体规划（2016年—2035年）》，辐射周边地区，调整经济结构和空间结构，从而最终建成世界级城市群。

二、上海

在2019天府金融指数评价体系中，上海金融指数得分为64.61，位列全国第二。其中，上海从业环境排名全国第一，金融机构、人力资源和文化金融排名全国第二。在传统金融业态中，与2018年相比，上海的从业环境排名上升1位、金融市场排名下降2位。在新兴金融业态中，上海的科技金融和绿色金融排名分别小幅下降1位和2位，其他排名不变。

首先，在金融市场分项上，上海保险市场较2018年出现收缩，在监管趋严的影响下，万能险产品销售低迷。以上海人寿为例，其2018年保险业务净利润下降71.3%，综合偿付能力充足率下降至124%。但从长期来看，这并不能对上海的金融中心地位造成实质性威胁。从自身层面来看，上海相关保险产业可以积极进行结构性调整，同时利用金融科技提高盈利水平、控制赔付成本；从政策层面来看，当前国家正在重新组织资质适合的险资公司重新进入资本市场，预计未来上海的保险产业仍将复苏。

其次，上海的从业环境日益改善，区域内共计有10所“双一流”建设高校和32家三级甲等医院。其相关配套设施的质量在全国名列前茅，同时浓厚的商业氛围和重要的契约精神，为上海金融从业环境奠定了较好的文化基础。2018年全年，上海金融市场交易总额超过1 600万亿元。其日趋完善的基础设施，必将为下一步的人才引入提供保障。

最后，上海目前发展也存在一些问题，科技金融发展略显不足。相关金融部门没有对区域内的高科技企业提供有力的金融支持。在互联网行业排名前十的企业中，上海没有一家企业入选该名单，说明上海并没有为相关企业提供相对有利的发展环境。

未来，上海在现有的从业环境成绩的基础上，还需进一步优化区域内的从业环境，严格按照既定的《长江三角洲城市群发展规划》和《上海市城市总体规划（2017—2035年）》推动自身发展，同时坚持对外开放，充分彰显“长江经济带”龙头城市的示范作用和“一带一路”关键城市的领军作用。

三、深圳

根据2019天府金融指数评价结果，深圳以63.69分的总分位列全国第三，与上海差距进一步缩小。其在传统金融领域，金融市场优势得到进一步增强，较2018年上升1位；在新兴金融领域，科技金融成果显著，较2018年上升1位。

首先，深圳的经济增长动力强劲、人口结构合理、人力资源充裕。近三年来，深圳GDP年化增速达7.6%，在排名前十的城市中位列首位，且无收敛于稳态的迹象，后续仍有较大的增长空间。深圳当前适龄劳动力人口占比达81.9%，仍将在较长时间内维持人口红利。

其次，深圳的科技实力和新兴产业实力雄厚，且生物科技、信息技术等新兴产业已成为区域内支柱产业，占GDP四成。华为技术有限公司、中兴通讯股份有限公司、深圳市大疆创新科技有限公司已成为中国电子芯片领域的领军企业。在互联网生态领域，深圳市腾讯计算机系统有限公司已成为国内首屈一指的互联网生态公司；在会计信息领域，金蝶国际软件集团有限公司的软件产品已成为行业翘楚。

相较于北京和上海，深圳的土地资源相对稀缺，发展空间受限。其应当加速区域内的城中村改造，加快城市化步伐，同时积极协调广东省政府，吸纳卫星城市，增加要素供给，释放增长潜力。

第二节　东北地区

天府金融指数评价体系中的东北地区的城市包括大连、沈阳、哈尔滨、长春，它们在本期排名中分别排在第十七名、第二十一名、第三十名和第三十一名。从全国范围来看，东北地区金融中心整体竞争实力有待提升。就区域而言，大连是东三省中最具成为区域金融中心潜力的城市。天府金融指数结果表明，大连总指数排名与上期相同均为第十七名。从子指数结构来看，大连在人力资源（全国第十一名）和从业环境（全国第十二名）等传统金融领域表现较为优异。其分指数排名有升有降，较为明显的包括人力资源指数进步4名、科技金融指数退步4名、绿色金融指数进步3名、农村金融指数退步2名。由此可见，大连在人力资源、从业环境和绿色金融领域具备一定的优势，未来发展潜力较大；但其在金融科技领域和农村金融领域的排名相比上期有所下降，需要采取进一步措施加以完善和提升。

第一，坚定不移地建设区域性金融中心，持续巩固区域性金融中心地位；着力优化金融发展环境，强化大连商品交易所龙头作用。大连商品交易所（以下简称“大商所”）作为辽宁省最重要的金融资源之一，对全省期货行业的发展起着带动作用。大连应发挥期货市场龙头地位的优势，加快大商所国际化步伐，力争将其建设成为亚洲重要的期货交易中心；积极优化信贷市场，创新融资模式，保持信贷投放健康稳步增长；着力发展股权投资市场，鼓励金融资本、社会资本和海外资本进入大连设立风险投资、创业投资、天使投资等各类基金与股权投资机构，拓宽初创企业和科技型企业的直接融资渠道；支持大商所开展豆油期货动态升贴水制度、铁矿石仓单服务商、鸡蛋“场外期权”试点等创新，持续增加“保险+期货”试点面积。

第二，优化人力资源配置，培育优质从业环境。人力资源被公认为是金融机构的第一生产力。因此，大连要注意继续优化人力资源，采取措施来吸引优秀的金融从业者，提升整体从业人员的素质和水平；持续优化政策环境，充分考虑高端金融人才对落户、子女教育、医疗、居住等方面的现实需求，切实提升其可获得性，增强金融人才在大连工作、生活的便利性，加大向高端金融人才倾斜的税收优惠力度，建立和完善奖励和补贴政策；持续优化从业环境和业务流程、简化行政审批程序，进一步提高政府服务的质量和效率，挖渠饮水，筑巢引凤，进一步完善办公、交通、通信等基础设施条件，加强配套设施建设。

第三，加强科技金融建设，激发科技创新潜力。大连应采取政策引导与市场化运作相结合的方式，引导金融机构支持科技企业创新发展；加大财政对科学技术的支持力度，完善知识产权保护机制，重视高新技术企业发展；深化科技金融服务体系改革，在支持科技企业融资上更加“精准”；引导银行机构实施差异化战略，为科技企业提供与发展阶段相匹配的差异化金融服务；进一步完善信息披露和风险提示制度，建立以信息披露为核心的直接融资服务体系，形成科技企业股权融资梯队；成立专为科技企业提供服务的科技金融控股集团，为科技企业提供覆盖全生命周期的金融服务。

相比“北上广深”，大连自然在人才资源和金融市场环境方面都不占优势，所以要积极采取措施来增加自身吸引力。作为区域性金融中心，创新和人才应该成为大连内生发展动力的主要生成点。作为东三省金融发展的龙头，大连应积极弥补自身不足，坚持发扬自身优势，激发金融创新活力，加强科技金融建设，持续优化政策环境，切实提升高端金融人才可获得性，不断提升金融环境的竞争力和吸引力，坚定不移地建设区域性金融中心。

第三节　北部沿海地区

在北部沿海地区中，天津、济南、青岛、石家庄均提出打造区域性金融中心的设想。其中，天津的指数得分为 39.20，排在全国第十位，济南、青岛、石家庄分别排在第十四位、第十六位和第二十七位。由此可见，天津是北部沿海地区金融综合实力最强的城市。

从子指数结构来看，天津在人力资源（全国第五名）、金融机构（全国第七名）和从业环境（全国第九名）等传统金融领域表现优异。天津丰富优质的人力资源与其比较发达的教育体系密切相关。在人才政策方面，天津也是可圈可点。其制定了“海河英才”行动计划、“千企万人”产学研融合及人才“绿卡”等系列政策，为吸引、留住高层次人才打下了坚实的基础。在金融机构方面，天津滨海柜台交易市场（天津 OTC）发挥了很大的作用。天津 OTC 于 2011 年正式挂牌运营，之后又陆续上线了融资服务平台和股份转让平台，为企业、金融机构、投资机构提供信息公开、股权债权融资、上市指导等一系列服务。通过对中小微企业进行产业和金融两方面的支持，天津 OTC 帮扶中小微企业成为行业内龙头企业，并为它们的上市提供助力。在从业环境方面，天津在基础设施、城市环境、制度环境和经济环境领域的得分较上期都有所提高，但其相对竞争力不及成都，被成都超越 1 名。

根据 2019 天府金融指数评价结果，天津市在传统金融领域延续往年优势，排名比较稳定，但其新兴金融业态发展不足，科技金融、绿色金融、文化金融和农村金融的排名都出现不同程度的下滑，其中绿色金融和农村金融是天津市建设区域金融中心的主要短板。当前，全国各中心城市金融发展势头强劲，若只满足于保持现状，天津则会“不进则退”。未来，天津市应在雄厚的人才实力和较为成熟的金融市场基础之上，着力创新发展，弥补短板，完善多元化金融生态。

第一，建立健全绿色金融体系，加快经济绿色化转型。一是发展绿色债券。天津在 2018 年实现了绿色债券发行零的突破，但规模还不大，需要加大力度支持符合条件的绿色企业和项目发行绿色债券，鼓励符合条件的承销机构为绿色债券发行提供优质服务，推动绿色金融债券业务创新发展。二是发挥绿色交易所作用，支持天津排放权交易所建设和发展。天津是我国第一批开展碳交易试点工作的城市，但其碳排放配额的成交额与成交量规模都较小，不及其他试点省份的水平，需进一步激发碳交易活力。三是推动节能环保类企业挂牌上市，从政策层面为企业上市开辟绿色通道，完善企业挂牌上市的奖励制度。

第二，完善场外交易市场，推动资本市场多层次发展。通过建立完善的场外交易市场，天津将搭建更完善的股权、债权转让平台，完善企业转板制度，帮助本地企业解决融资难题。就天津 OTC 而言，其仍然存在着中小企业财务门槛过高、监管不足等问题。因此，相关部门应在政策上放宽放活，降低中小企业准入限制，发挥场外交易市场的优势，吸引更多企业在天津 OTC 挂牌上市，进一步扩大天津 OTC 的规模。同时，相关部门还要完善针对天津 OTC 的监管法规和监管制度，努力营造公平、透明、可预期的营商环境，促进民营经济的持续、健康发展。

第三，加快农村金融体制改革。一是注重微型金融机构的发展。微型金融机构管理涉及面窄、决策路径短，能够满足农村信贷和微型企业的特殊性需求和多样性需求，提升农村地区金融可触及程度，提高金融包容性。

相关部门应积极创建村镇银行、小额贷款公司等微型金融机构，推动天津农村金融服务主体的多元化发展。二是发挥滨海新区金融创新的先行先试作用，充分利用政策优势，大胆创新、勇于试错，探索建设因地制宜的农村金融服务体系。三是壮大农村金融机构专业人才队伍。这一方面是要通过开展知识培训提高在岗人员的综合能力；另一方面是要培养、引进创新型人才，推进制度创新，提高员工的创新思维能力。

第四节　东部沿海地区

天府金融指数涉及的东部沿海地区城市包括杭州、南京和宁波，其中杭州和南京在本期排名中分别位列全国第五和全国第八。

根据2019天府金融指数排名结果，在传统金融方面，杭州的金融市场和从业环境实力较强，但金融机构略有欠缺；在新兴金融业态方面，杭州的科技金融、文化金融表现较好，农村金融表现一般。未来在建设区域性金融中心的过程中，我们建议杭州下一步的发展思路是：完善金融机构体系，保持科技金融优势，积极发展农村金融。

第一，完善金融机构体系。杭州应当提升本土金融机构的数量和规模，做大做强一批总部金融机构和龙头金融企业，形成各类金融机构集聚、金融功能完善的金融体系，增强其服务本地经济的能力。杭州应当扩大金融双向开放，一方面加大金融机构的引进与新设力度，推动聚集区域性、全国性的金融机构，优化金融机构布局，进一步丰富市场主体，支持境外金融机构作为战略投资者与杭州本土企业合作；另一方面积极推动本土金融机构"走出去"，为境内客户提供多元化境外服务，提高杭州金融国际化水平。

第二，保持科技金融优势。杭州的资本市场可以进一步改进（如商业银行可以拓展业务），在科技型中小企业创业初期，以基金或风险投资的形式进行资本金介入，形成信贷支持和资本的双作用扶持。同时，杭州也可以鼓励探索民间资本参与小型金融机构，从而为科技型中小企业拓宽融资渠道，提供充足的资金。杭州可以成立更多服务科技企业的专门银行支行（以下简称“科技支行”），专门为以科技型企业为主体的高新技术企业提供融资服务。杭州市科技支行的数量对于杭州市科技金融市场来说是不足的。发展科技支行可以对杭州科技金融的发展起到相当大的作用。杭州可以在市内增设科技支行网点，设立更多的独立法人科技支行，也可以考虑将已有的科技支行从原来的商业银行脱离出来。除此之外，杭州应当继续推动辖区内军民融合深度发展，促进适合民用的军用科技成果快速转化为生产绩效，进一步支持军、民两用科技的发展，提升当地居民拥军、护军的热情。

第三，积极发展农村金融。杭州应当加强农村金融体系建设，可以成立专门部门对涉农资金进行监督管理，做到专款专用；引导商业银行、农村信用合作社等金融机构积极参与乡村振兴金融方面的建设，加大对农村经济发展的支持力度。杭州还应当推动农村信用与担保体系建设，金融机构可以联合农业农村部，结合农户消费数据、违约情况，借助互联网“大数据”平台，在现有征信体系的基础上打造新型农业经营主体信用数据库和共享平台，从而有效解决金融机构贷款审查难、放贷审批难的难题，这也有利于金融风险的管控和监督。杭州应当创新农村金融产品，鼓励金融机构加大资金投入力度，促进产品的升级和服务质量的提高。

根据2019天府金融指数排名结果，就传统金融而言，南京在金融市场、金融机构和从业环境领域具有优势；就新兴金融而言，南京在绿色金融方面稍有逊色。未来在推进区域性金融中心建设过程中，我们建议南京下一步的发展思路是：保持金融市场优势，加快构建绿色金融体系。

第一，保持金融市场优势。2019天府金融指数结果表明，南京金融市场颇具优势。南京可以大力提高金融产业发展的水平。目前，国家正在扩大金融开放、放宽外资金融机构市场准入条件，南京应当以此为契机，引进国内外大型金融机构总部入驻，集聚和发展具有重要市场地位的功能性金融机构；强化其金融对外合作交流，促进本土金融机构、金融人才在更宽领域、更深层次参与国际分工与合作；大力推进区域城市间的金融市场联动、金融产业整合和金融管理创新的深度合作，进一步提升其在区域一体化过程中的带动力和辐射力。

第二，加快构建绿色金融体系。南京可以激励社会资本对绿色发展的投入，引导资金流向更加节约资源、更能促进生态环境保护的产业和经济领域，同时引导消费者树立绿色消费理念，促进全社会的绿色发展。南京可以建立绿色发展基金，发展绿色信贷、绿色证券市场、绿色保险、碳交易市场和碳金融产品等，推动绿色发展进程。南京可以引导金融机构加大对污染治理、新能源、节能改造等项目的投资力度，发展更加多元、有效的绿色金融产品，满足企业绿色发展的金融需求，提升公共机构的绿色消费示范作用，鼓励和扶持绿色楼宇、绿色学校、绿色社区的建设。在供给端，南京则要进一步增加绿色产品供给，推进绿色品牌建设，引导企业建立“绿色消费供应链”体系，提供更加丰富、高质量的绿色产品，在全社会形成绿色发展理念和良好氛围。

第五节　南部沿海地区

在南部沿海地区，从2019天府金融指数排名来看，广州位列第四，与去年持平，而厦门和福州分别排在第十八名和第二十名，海口排在第三十二名。广州在南方金融中心建设中的地位举足轻重。

与深圳相似，广州近几年的经济增长动力强劲，人口红利可观，近三年内人口年均增加近40万。广州的电子化工和汽车制造产业为区域内支柱产业。2018年，广州全年共计296.3万辆汽车下线，广汽集团经过多年的积累已形成多个合资品牌和自主品牌，旗下的传祺汽车在国产车领域技术领先。思科智慧城、富士康智能产业园、广汽新能源汽车产业园发展迅猛。

但是，广州在取得已有成绩的同时，其金融发展还存在着一定的提升空间。为此，我们提出如下几点建议：

第一，做大做强现有优势产业，提高城市创新动力。广州的主要支柱产业为汽车制造、电子研发和化工生产。其城市未来发展将主要立足于广州大学城——广州国际科技创新城、广州琶洲互联网创新集聚区、广州中新知识城、广州科学城4大核心区域以及国际生物岛园区等周边13个创新节点支持高科技企业，特别是“独角兽”企业在广州发展，着力打造“国家科技创业创新中心”。

第二，发展多层次融资渠道，减少“土地财政”依赖。广州金融领域发展稍显迟缓，在金融基础的4个指数中，除人力资源外，其他领域均与上年度持平。广州缺乏利用金融工具服务地方发展的经验。在区域建设中，其对土地建设的依赖程度较高，2017—2019年的土地财政依赖度超过了60%，远高于其他一线城市。在国家坚持“房住不炒”的政策背景下，广州需要积极寻找新的融资渠道服务地方建设。

第三，提高科教医疗建设水平，全方位提升从业环境。在从业环境方面，广州的从业环境较北京、上海等一线城市仍有欠缺。具体结合数据，其一流的科研院所相对稀缺，仅中山大学和华南理工大学出现在“双一流”建设的名单中，相对于“双一流”高校林立的北京和上海，广州在这方面稍显不足。从公共卫生领域来看，截至2018年年底，广州各级医院总数为243家，仅为北京的34.08%。相较于广州快速增长的人口规模，稀缺的医疗资源恐成为制约广州未来发展的“短板”。

第四，加大区域科研投入力度，提升投入转化效率。在科技金融领域，广州的投入相对欠缺，2018年全年，广州研究与开发投资（R&D）仅占其当年GDP总量的2.8%。对比北京、上海，2018年北京的研究与开发投资达到了其GDP总量的5.7%，上海的研究与开发投资亦达到了其GDP总量的4.1%。从相对规模来看，广州对于研究和开发项目的投入明显不足，仅为北京和上海的一半。另外，从研究开发投入的产出来看，截至2018年年底，广州发明专利授权量为1.1万件，而上海和北京当年的发明专利授权量分别为4.8万件和2.13万件。这说明，广州在科技金融领域没能很好地做好研发投入和成果转化。

2018年，广州的GDP已被深圳反超，背后的金融因素不容小视。从2019天府金融指数总体排名来看，广州整体金融业发展稳定有余，进取不足。在未来发展中，广州还要协同深圳继续构建珠三角城市群，继续建设世界一流城市。

第六节　中部地区

天府金融指数所涉中部地区城市包括武汉、郑州、长沙、合肥、太原和南昌，它们在本期的排名分别为第九名、第十二名、第十三名、第十五名、第二十三名和第二十五名。从区域来看，武汉作为湖北省会，是我国中部地区最大的都市和唯一的副省级城市，其经济发展迅速，产业规模和竞争能力全国领先，并且连续三年在天府金融指数评价体系中位列全国前十，具备发展成为中部地区金融中心的潜力。从子指数来看，武汉在科技金融方面的表现可圈可点，其排名变化较大之处包括科技金融上升5名、金融机构退步6名、绿色金融退步5名。由此可见，武汉在科技金融领域具有一定优势，未来发展潜力大，其应该保持已有成绩，继续弥补短板。在未来建设区域性金融中心过程中，我们建议武汉下一步的发展思路是：加快现代化金融机构体系建设，防范金融风险；保持人力资本优势；多方位完善绿色金融体系；发展完善现代科技金融服务体系。

第一，加快现代化金融机构体系建设，防范金融风险。一方面，武汉应加大金融机构的引进与新设力度，推动聚集区域性、全国性的金融机构，优化金融机构布局，进一步丰富市场主体；组建和培育新型金融机构，整合区域金融资源，突出武汉金融产业特色；规范发展中介服务机构，促进专业服务机构做大做强，提升中介机构整体素质和专业化服务水平。另一方面，武汉需坚持金融发展与金融稳定并重，完善区域金融机构监管机制，提高其抗风险的能力；加强对银行不良贷款、房地产金融、地方政府债券、影子银行和互联网金融等重点领域的监管，对出现的风险及时处置，守住不发生区域性、系统性金融风险的底线，坚决维护地方金融秩序。

第二，保持人力资源优势。武汉在人力资源质量和人力资源基础上表现突出，应继续推行吸引高层次人才的政策，发挥人才优势。一是完善引进和培养顶尖人才政策，制定创新创业人才高地实施意见，推动“黄鹤英才计划”“3551 人才计划”等重大人才工程落地生根。二是不断优化人才工作环境，创新工作体制机制，完善人才发展机制，积极打造国际人才自由港和具有较强国际竞争力的人才队伍；采取与各金融机构配合、与高等院校联合培养等方式提高金融管理者、金融机构经营者和从业人才的素质。三是全面加强社会教育平台建设，推动各类学校和教育培训机构资源向社区开放，构建科学化、网络化、多样化、便民化的公共图书馆，加快建设现代化教育强市。

第三，多方位完善绿色金融体系。武汉是长江经济带的重要战略支点，绿色金融是武汉带领中部地区实现绿色崛起的重要抓手。一是推动设立长江生态保护与绿色发展产业基金，投资涉及长江和汉江生态保护和绿色发展项目，支持工业化企业转型，建设长江经济带绿色发展示范区。二是加快建设全国碳交易注册登记系统，推进碳排放权和主要污染物排污权交易，对中、西部地区和长江经济带的绿色低碳发展产生强大的辐射效应和上下游带动作用。三是积极构建绿色信贷体系，鼓励银行培育和拓展资源节约、环境友好的信贷客户，引导社会资源流向生态环保、清洁能源、低碳经济等绿色经济领域。

第四，发展完善现代科技金融服务体系。一是针对光电子信息、汽车及零部件、生物医疗及医疗器械三大世界级科技产业集群不同周期的融资需求，汇集融合更多的科技信贷产品，有效促进科技信贷创新产品的广泛应用。二是推动科技保险发展，完善“首购首用”风险补偿机制和“科保贷”银政保联动模式，鼓励科技保险产品创新，为武汉科技创新提供风险保障，支持科技创新领域建设。三是深化和推广科技金融改革创新模式——“东湖模式”，加快打造全国科技金融改革创新高地，形成以科技金融为核心功能的产业金融及要素市场创新示范区、全国性金融后台产业基地。

第七节　西部地区

位于西部地区的城市包括成都、重庆、西安、昆明、南宁、西宁、乌鲁木齐、贵阳、兰州、银川和呼和浩特，成都和重庆在本期天府金融指数评价体系中分别位列全国第六与第七。

成都的金融综合水平在西部地区保持领先地位，具备建设西部金融中心的潜力。从指数结构来看，成都在金融市场、金融机构、绿色金融、文化金融和农村金融领域的排名保持稳定，从业环境得到改善，但其在人力资源与科技金融领域面临较大的竞争压力。西安保持总排名不变，西安交通大学、西北工业大学为西安的人力资源打下了坚实基础。同时，西安金融机构和农村金融排名相较上期有所提升，具备长期发展潜力。昆明总指数排名下降1位，其在金融市场、从业环境与农村金融领域取得了较大进步，但金融机构的排名下滑8位，亟须提升金融机构的综合实力。2018年，西部地区城市在多个领域取得了进步，反映出“西部大开发”战略和“一带一路”建设的积极成效。

重庆总指数排名与上期持平，总指数得分与成都的差距进一步缩小，新兴金融业态发展势头强劲。重庆的绿色金融与农村金融分别取得全国第二和全国第五的亮眼成绩，文化金融也有一定进步。但是，重庆在传统金融方面还有较大提升空间，金融市场、金融机构、从业环境和人力资源的相对竞争力不足是拉低重庆总排名的主要原因，其中从业环境排名下降幅度较大。对此，我们提出如下建议：

第一，提高绿色金融发展潜力。重庆在绿色金融领域表现优异，但从结构进行分析可知，这主要源于重庆拥有良好的绿色金融基础，其“环境保护机构总数”“生活垃圾无害化处理率”等指标得分均位于全国前列。但在绿色金融发展潜力方面，重庆与北京、深圳、上海等城市相比还有很大差距。对此，一是重庆应该继续支持绿色债券发行，推动绿色债券创新产品发行，拓展绿色债务融资工具，鼓励辖区符合条件的企业参加主体绿色等级评级。二是重庆应该集中培育一批在低碳节能、清洁环保、新能源领域有优势的企业，设立绿色发展的低碳引导基金，通过政府引导民间资本参与环保公益类产业发展。三是重庆应该提升碳排放交易规模。作为全国七省市区域性碳排放权交易试点之一，重庆的碳排放交易量与深圳、湖北相比还很小，应该充分发挥其碳排放权交易中心的作用，吸引、培育碳排放权交易相关的多层次高级人才，鼓励企业参与碳排放权交易，运用市场机制实现经济低碳发展。

第二，优化营商环境，提升城市核心竞争力。重庆一是要加大简政放权力度，深化行政审批制度改革；二是要推进高水平对外开放，放宽金融等现代服务业与先进制造业领域的市场准入，在教育、医疗、文化、社会服务等领域实现对外开放的新突破，同时探索建立对新产业和新业态的行政管理容错机制，优化新兴行业发展环境。

第三，推进区域性股权交易中心建设。重庆区域股权交易市场的挂牌公司数与南京、武汉等同梯队的城市有较大差距，应高度重视四板市场发展。重庆一是要提高中小微企业对四板市场的认知度，打破“唯上市论”，鼓励非上市企业进入多层次资本市场，分享多层次资本市场红利；二是要完善企业进、退市制度，保护和吸引投资者；三是要提升重庆股份转让中心的服务功能，发挥其塔基和上市培育输送基地的作用，打通多层次资本市场之间的企业流转通道；四是要加强与中、东部地区四板市场之间的联动互通，借鉴对方的优秀经验，吸引更多优质企业到西部地区开拓区域性资本市场业务。

第五章

成都金融发展展望

第一节 成都金融发展现状

近年来，成都高质量推进国家西部金融中心建设，通过做大做强金融服务业、提升金融服务创新能力、加强金融风险防范处置，初步实现从体量规模积累向核心功能凸显、从传统金融集聚向新金融生态圈突破、从自身吸附式发展向服务对外开放的辐射式发展三大转变，“1+X”金融政策体系基本构建，现代金融产业格局逐步形成，成都金融产业绩效、金融机构实力等多项重要指标位居全国前列。值得一提的是，成都深度融入“一带一路”建设、“西部大开发”等，拓展金融业对外开放的广度和深度，加强中德、中法、中韩等国别合作园区建设，探索建设“一带一路”金融服务中心，依托自贸试验区推动金融改革创新，重点推进跨境投融资、跨境结算、贸易金融等产品和服务创新，搭建平台引导外资企业金融资源向成都集聚。在对内协同方面，成都积极推进成渝城市群一体化发展，加强与京津冀、粤港澳大湾区、长三角等地区的交流合作，加快国际航空、铁路等对外通道的建设步伐，高位引领西部开发和开放水平。

根据本期天府金融指数结果，成都位列全国第六，金融综合实力在西部地区领先，极具建设金融中心的潜力。与上年相比，子指数排名出现变化的有3个：从业环境由第九名升至第八名，人力资源从第五名降至第九名（主要原因在于统计口径调整，使用各个城市的实际数据），科技金融由第六名降至第八名。金融市场、金融机构、绿色金融、文化金融、农村金融五个子指数的名次保持不变。成都市子指数排名对比见图5-1。

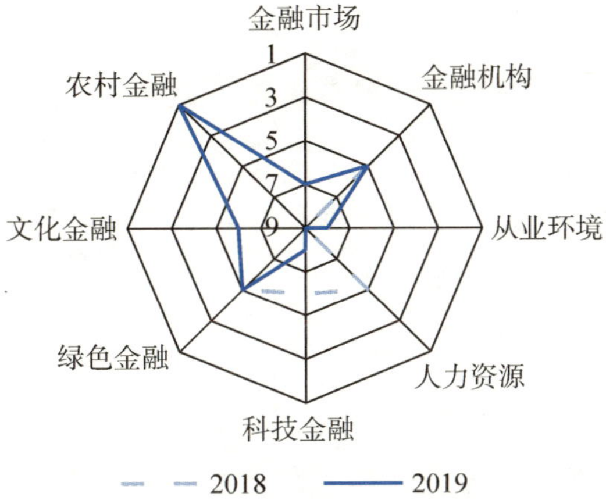

图 5-1　成都市子指数排名对比

具体地，在传统金融领域，成都金融市场子指数排名全国第七，股票市场发展向好，但货币市场和区域性股权交易市场有较大提升空间。

成都金融机构子指数排名全国第五，其券商类机构表现突出，保持较高盈利质量。2018 年上市审批趋严，券商收入整体下滑。成都国金证券在传统投行业务受挫的情况下，积极拓展新业务增长点，自营业务表现突出，全年业务收入增长 124%。从 2018 年“本地法人券商的 ROE”指标来看，成都名列第三，表明成都的券商虽然收入增长受挫，但盈利能力较强。在保险领域，成都排名虽较上期持平，但同样受到了保险行业整体监管的冲击。成都本地法人保险机构的盈利水平出现较大幅度的收缩，平均净资产利润率仅为 2.9%。在本轮保险结构性调整中，深圳的经验值得学习。从“本地法人阳光私募基金发行产品个数”来看，成都的阳光私募产品数量排名小幅上升 1 位。成都“30 强会计师事务所数量”和“百强资产评估机构数量”相较上期分别减少和增加 1 家。对于银行类金融机构，成都 2018 年“本地法人银行的资产总和”相较 2017 年上升了 2.91%，资产增长速度较上一年度明显放缓。对于“本地法人银行的 ROAE”指标，成都辖内银行盈利能力继续增长，但这可能与辖内银行积极优化贷款结构以及提升贷款质量和风控能力有关。

在从业环境方面，成都在交通领域的排名保持稳定，在全国范围内属于交通发达的城市之一。但是，在制度环境中，成都在司法文明建设和市场化建设方面都有待提高。在经济环境中，成都GDP总量排名较为靠前，但“人均GDP”排名在从业环境排名前十的城市中居于末位，成都经济环境整体水平居于中游。

在人力资源方面，成都与武汉、天津和西安竞争激烈，处于胶着状态，承受较大压力。成都的人力资源排名由上期的第五名降至第九名，部分原因为统计口径调整（使用各个城市的实际数据），但也反映出成都人力资源潜力竞争力不足。具体来看，“每百人教育支出”“城市公共图书馆个数”两项指标拉低了成都的人力资源排名。

在新兴金融方面，成都农村金融连续三年居于榜首，具有绝对优势。2018年，成都保持政策延续性继续为农村金融提供有力支持，全年“农贷通”系统线上发放贷款达58.3亿元，实现村级金融服务站全覆盖；全年“两权”抵押贷款累积发放28.4亿元，有力支持农村土地资源整合和重组，有利于实现机械化大规模农业生产。上述政策进一步体现了成都大力发展农村金融、早日实现农业现代化的决心。在农村金融发展指标中，成都保持了在新型农村金融业态上的优势。

在科技金融方面，成都科技类企业发展势头较好，取得了一定的进步，但由于武汉、合肥等城市在军民融合领域表现强劲，成都科技金融竞争实力相对下降。具体而言，对于“科学技术支出占财政支出比重”指标，成都相比上期取得了一定的进步，但与合肥、杭州、上海、北京等城市仍然存在较大差距。此外，成都虽然在“高新技术产业投资额”方面取得了较大进步，但其“高新技术企业总收入”与北京、深圳和上海的差距扩大。成都“科技类企业A股上市公司家数、市值”和“科技类企业进行并购交易的家数”的排名小幅上升，应继续保持。成都在军民融合领域具有发展优势，但由于武汉、合肥军民融合表现突出，成都的优势地位有所下降。我们建议成都在军民融合的过程中，及时做好国防科技民用化工作，早日在军工企业中成立集团公司，将业务分为两部分：一是针对需要保密的军事机密，成立专门的军事保密类企业，防止泄密；二是针对适合转化为民用设备的军用技术，成立专门的军工类上市公司，转向民用化。这样，民用军工企业和军事军工企业处于同一家集团公司下就方便通过内部资本市场调度资金，既缓解了军工企业的资金不足，也严格防止了军事技术的外泄，从而有效提升成都军事企业借助资本市场发展的能力。

成都绿色金融发展保持稳定。成都“绿色金融基础得分”位列全国第三，其“环境保护系统年末机构总数”仅次于重庆，位列全国第二。在绿色金融发展方面，成都在2018年实现绿色债券发行零的突破，获得风险资本投资的环保公共产业企业家数有所上升。

成都在文化金融方面保持了良好的发展态势，其“文化金融发展”得分有所提升。但是，成都也存在文化类上市企业少、公司市值小的事实特征，与前列城市相比差距较大，与排名靠后的城市相比优势亦不突出。

进一步地，我们将同处于第二梯队的广州和杭州作为对标城市，与成都进行横向对比分析。从图5-2可知，广州在金融市场、金融机构和从业环境等传统金融领域具有优势，杭州新兴金融业态发展较快。相较广州与杭州，在传统金融领域，成都的金融市场、从业环境和人力资源存在进步空间，需要继续提高金融市场资源配置能力、优化营商环境、加强高素质人才储备；在新兴金融领域，成都科技金融稍显落后，农村金融优势突出。

综合而言，成都应弥补传统金融短板，持续推进新兴金融业态建设，以期加快提升金融综合竞争力。

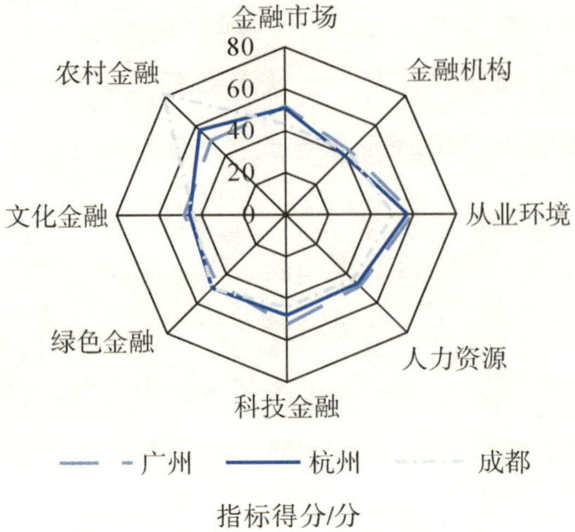

图 5-2　广州、杭州、成都的指标分析

第二节　成都金融发展亮点

一、“两权”抵押与“农贷通”平台支持现代农业体系建设

农村金融指标是新兴金融业态指标体系构建的重要组成部分。农村金融是现阶段金融深化改革的重点，不仅需要政策扶持和资源倾斜，还需要制度、模式和产品创新。因此，农村金融是衡量一个地区金融发展状况不容忽视的内容。2015 年 7 月，经“一行三会”、国家发展和改革委员会以及四川省人民政府共同研究，《成都市农村金融服务综合改革试点方案》出台，成都成为全国首个农村金融服务综合改革试点城市。成都市按照试点方案确定的基本思想与原则，结合实际情况，全面创新，促进农村金融改革与农业农村协同发展。成都以完善金融组织体系、创新金融产品和服务、优化金融生态环境、合理金融资源配置为目标，实现农村金融体系的健全、完善和优化，探索出独具特色的农村金融服务综合改革模式。

根据本期天府金融指数评价体系，成都农村金融指数得分为81.71，连续三年排名全国第一，与第二名的长沙（68.38）拉开了较大差距。成都市农村金融改革创新的突出成就表现如下：

第一，深入推进农村产权制度改革，明晰基础产权，创新“两权”抵押贷款，促进农村产权自由流转。成都农村产权改革具有全域性和彻底性。目前，成都农村承包土地、宅基地、农房等各类产权确权颁证基本完成，有序推进农地、农房“三权分置”，农村产权明晰且可以依法交易。成都建立了全市统一的农村产权交易市场，推动成都农村产权交易所在县域建立4个子公司、12个分公司，在乡镇和村设立服务中心（站），实现四级农村产权交易服务。目前，成都农村产权交易所与省内18个市州、120个县联网运行，累计实现各类农村产权交易973亿元，已成为全国交易规模最大、交易品种最全的农村产权交易所。此外，成都完善综合配套服务，形成了农村产权流转闭环，在全国率先成立成都市农村产权收储公司，指导温江区引入民间资本设立涉农抵贷资产收储联盟。

第二，创新农业信贷产品，拓宽农村金融机构的业务渠道。为了推动农村土地资源整合和重组、实现机械化大规模农业生产、构建成熟的现代农业体系，成都创新农村金融产品和服务方式，着力开发承包土地经营权、农民住房财产权“两权”抵押贷款新产品，探索开展经济林木财产权、农业生产设施所有权、养殖水面经营权、集体资产股权等近20种农村不动产、动产抵（质）押贷款。截至2019年7月末，成都累计发放各类农村产权抵（质）押贷款212.9亿元。在金融科技广泛应用的背景下，成都在涉农领域保持大力度投入，致力于拓宽农村金融服务渠道，构建“农贷通”线上贷款平台。截至2019年7月末，“农贷通”94家银行、担保、保险机构上线，其中两家本地法人银行机构实现业务系统对接，平台注册用户为2万户，线上发放贷款达10 350笔，合计126.86亿元；线下建设村级金融综合服务站体系，与“农贷通”配套，构建“线上＋线下”的农村金融服务体系；建设涉农融资项目库、涉农企业直接债务融资项目库、金融服务和产品数据库，丰富“农贷通”配套服务。同时，成都还设立了规模为1.4亿元的“农贷通”风险补偿资金，并对“农贷通”平台建设等一系列工作进行定向补贴，建立财政金融政策支持体系，初步形成农村金融持续创新的长效机制。

第三，创新新型农业经营主体的金融服务，促进高标准农田绿色示范区建设。农村金融改革的核心是建立适应现代化农业的金融体系，发展规模化、机械化、信息化和绿色化的现代农业。成都市通过农村产权交易，在保障农村产权的基础上，逐步将联产承包的小农经济推向高标准现代化的农业，推动农村合作社模式从产品合作转变为生产要素合作。针对专业农产品生产企业、农业职业经理人等新型农业经营主体的金融需求，成都创新性地开发出农业职业经理人凭资格证书信用贷款模式，大力发展订单、仓单质押、“农业核心企业+中小微”等产业链、供应链金融服务新模式，引导金融机构加大对农业产业化基地、高标准农田建设和幸福美丽新村建设等重点领域的支持力度。

第四，构建农村信用体系，优化农村金融生态环境。在政府主导，中国人民银行主动参与、指导的背景下，成都市依托“农贷通”平台搭建全市统一的农村信用信息数据库，打破信息孤岛局面。同时，成都市培育涉农征信机构并定期开展与“支农”政策紧密挂钩的信用评定。

尽管成都的农村金融发展成绩斐然，但是在天府金融指数评价体系中，成都“农村金融基础”得分为78.63，在全国排名第四，不及石家庄、青岛和合肥，说明成都在农业基础生产、农村地区消费水平等方面仍然有进一步提升的空间。

二、创新绿色金融产品，加快完善绿色金融体系

绿色金融[①]体系是指通过绿色信贷、绿色债券、绿色股票指数和相关产品，以及绿色发展基金、绿色保险、碳金融等金融工具和相关政策支持经济向绿色化转型的制度安排。其主要目的是动员和激励更多社会资本投入绿色产业，同时更有效地抑制污染性投资。构建绿色金融体系是我国贯彻新发展理念的一大制度保障，有助于加快我国经济向绿色化转型，促进环保、新能源、节能等领域的技术进步，加快培育新的经济增长点，提升经济增长潜力。因此，绿色金融是新兴金融业态指标体系构建的重要组成部分，是衡量一个地区金融发展状况的重要方面。建立健全绿色金融体系，不仅需要金融、财政、环保等政策和相关法律法规的配套支持，通过建立适当的激励与约束机制，解决项目环境外部性问题；还需要金融机构和金融市场加大创新力度，通过发展新的金融工具和服务手段，解决绿色投融资所面临的期限错配、信息不对称、产品和分析工具缺失等问题。

根据本期天府金融指数评价体系，成都绿色金融指数得分为49.85，连续两年位居全国第五。其中值得注意的是，成都“绿色金融基础”得分排名全国第三，在生活垃圾无害化处理、污水处理、节水环保等方面的综合表现仅次于重庆和石家庄，为其绿色金融发展奠定了坚实的基础，潜力巨大。经中国人民银行成都分行、四川省地方金融监管局联合省级7部门筛选，成都市新都区于2018年10月被选为试点地区，在全国率先开展省级绿色金融创新试点。在实践中，成都市不断进行绿色金融产品创新，支持绿色产业发展。中国人民银行成都分行营业管理部推出“央行绿票通”产品，

---

① 根据2016年发布的《中国人民银行、财政部、发展改革委、环境保护部、银监会、证监会、保监会关于构建绿色金融体系的指导意见》，绿色金融是指为支持环境改善、应对气候变化和资源节约高效利用的经济活动，即对环保、节能、清洁能源、绿色交通、绿色建筑等领域的项目投融资、项目运营、风险管理等所提供的金融服务。

实现以快速、便捷、低成本资金支持绿色中小企业发展。新都区创新开展挥发性有机物（VOCs）交易试点，收集家具园区试点企业数据，探索VOCs交易。成都轨道交通集团有限公司、成都市兴蓉环境股份有限公司分别注册70亿元和18亿元绿色债券。成都市结合《绿色产业指导目录（2019年版）》，与“联合赤道”合作，制定全国最新的地方绿色金融标准，积极开展绿色项目库和绿色企业项目库建设。新都区每年支出3 000万元专门用于支持绿色金融发展，这进一步优化了成都绿色金融改革发展环境。

三、吸引多元金融机构，“资本市场”功能建设取得突破性进展

金融机构是地区金融发展的基础，金融机构的快速发展有利于企业融资，便于企业扩大生产，实现现代化的大规模生产。因此，实现资本的积聚，提高资源使用效率，从而达到提高经济效率的目标，离不开金融机构的支持。

截至2019年6月末，成都市共有各类金融机构及中介服务机构2 650余家，其中银行业金融机构有84家、保险机构有97家、证券经营机构有341家；地方金融机构900余家，其中融资担保公司有76家、小额贷款公司有82家。根据本期天府金融指数评价体系，成都金融机构指数得分为41.78，排名第五，与上期排名持平，继续保持对金融机构较强的吸引力。值得一提的是，从金融机构子指数中的证券公司分项来看，成都排名第五，与上期相比提升了2名。在2018年上市审批趋严的形势之下，四川优质券商依然保持较高盈利质量，带动证券公司分项的排名提升。从银行机构和保险公司来看，成都的排名均与上期保持一致，说明成都在银行与保险领域的发展相对稳定。

私募股权机构的大量入驻使得成都市“创投融资”功能快速增强。截至2019年6月末，注册在成都的私募基金管理人达373家，管理基金有702只，管理规模达1 248.77亿元。成都市企业获得私募投资合计48.9亿元，

投资规模和项目数领跑中、西部地区城市，本土机构投资占比远高于杭州、武汉、重庆等城市。国家发改委财金司和中国创投委发布的《中国创业投资行业发展报告》显示，成都创业投资行业各项指标连续多年位居中、西部地区第一，被中国创投委评为“中国创投20年最具活力城市”。

成都市加速发展壮大本土金融机构。2018年，成都设立了四川弘威股权投资基金管理有限责任公司，注册资本达1亿元，顺利推动四川军民融合发展。为强化华西证券服务实体经济的能力，该公司配合省委省政府推动“五千四百”规范化公司制改制工作，帮助中小微企业对接资本市场，累计向天府（四川）股权交易中心推荐挂牌企业达1 966家，成功挂牌1 774家。此外，华西证券还为3 434家企业提供了一揽子金融服务（含四板挂牌服务），通过向企业提供咨询服务，帮助企业建立现代企业制度；鼓励本土保险公司锦泰保险走特色化经营和差异化发展的道路，大力发展非车险业务，如农业保险、信用保证保险、责任险和意健险等，取得了较快发展。2019年上半年，该公司新提供保额达1.58万亿元，同比增长228%；保费收入为11.04亿元，同比增长32.6%。

吸引多类型金融机构，使得成都市“资本市场”功能建设取得了突破性进展。截至2019年6月末，全市境内外上市公司达103家，其中A股79家（副省级城市第四，中、西部地区第一），2021年又新增8家，其中A股5家（全国第一，青岛新增6家，北京、上海各新增5家）。2019年6月，成都市政府印发《加快推进成都市企业科创板上市的扶持政策》，3家科创板申报企业已获上交所正式受理。企业债券发行规模扩大，通过国家发改委审核企业债5只，总金额为289亿元，优质主体企业债券核准规模位居全国前列、西部地区第一。截至2019年6月末，全市实现直接融资达1 013.12亿元。

综合而言，成都金融发展取得的成绩既是各级政府与部门协同努力的结果，也是创新精神的体现。一直以来，创新是推动成都经济与社会发展的内生动力，世界上最早的纸币“交子”即诞生在成都。成都坚持推进全面创新改革，在科技创新、军民融合和协同创新方面取得积极成效。2017年9月和2018年12月，国务院先后在全国复制推广36项全面创新改革经验，其中9项由成都探索形成，数量位居全国前列，这是对成都系统推进全面创新改革成效的有力印证。

第三节　成都金融发展短板

一、科技金融的产业基础薄弱

科技金融是国家科技创新体系和金融体系相互融合的产物，是金融供给侧结构性改革的重要方向。近年来，为推动科技金融的发展，培育新兴产业集群，成都市积极研究制订现代化产业建设规划，并在金融支持科技型中小微企业发展方面做出了多方面努力：①发挥成都中小企业融资担保有限责任公司的支持作用。成都中小企业融资担保有限责任公司（以下简称“成都中小担”）成立于1999年8月，是成都市人民政府为推动中小企业服务体系建设、扶持高科技中小企业发展、切实解决中小企业融资难问题而批准成立的国有专业担保机构。自成立以来，成都中小企业融资担保有限责任公司已累计为四川上万户中小微企业提供了超过1 500亿元的担保支持，并为促进地方科技进步做出了积极贡献。2018年1月，在成都高新区“高新技术服务超市”系列推介会科技金融专场活动上，成都中小担、成都银行分别与成都华栖云科技有限公司、四川大家医学检测有限公司两家科技型企业签订了“双创信贷”合作框架协议，同时成都中小担还荣获了2018年高新技术服务超市“优选服务商”的称号。②成立知识产权质押融资专项担保基金。2008年3月24日，成都市科技局通过成都生产力促进中心设立4 000万元知识产权质押融资专项担保基金。截至2018年9月底，全省开展专利质押融资的市（州）达14个，质押专利为2 966件，融资总额为109.9亿元。截至2018年年底，专利质押融资贷款未发生一例违约不归还的情形。③鼓励当地龙头券商华西证券积极作为，充分发挥资本市场配置资源的作用；帮助科创企业融资及改制，支持民营上市公司、挂牌企业再融资和并购重组，实现新旧动能转换；支持投资基金发展，引导股权投资、创业投资、天使投资基金等适合中小微企业的融资工具为民营经济服务。通过不断推进金融与科技的融合、优化营商环境、推动战略性新兴产业发展，成都已逐步形成一批规模企业和优势产品，具有鲜明特色的新兴产业体系初步形成。2018年，成都市电子信息、医药制造、机械产业增加值分别增长14.3%、18.4%、13.9%，高技术制造业总体增加值增长了15.3%，高于规模以上工业增加值增速6.8个百分点。

科技金融是各中心城市大力发展的业态，尽管成都在科技金融方面取得了一定的成绩，但步伐较慢。本期成都科技金融指数排名第八，与上期相比下降2名，表明成都科技金融发展承压。其中，“高新技术企业总收入”“科学技术支出占财政支出比重”和“研究与试验发展经费支出占GDP比重”三项指标名次分别为第十二名、第十四名和第十七名，是相对容易拖累成都排名的指标。究其原因，主要有以下4个：

1. 科技金融基础设施不够健全

科技企业成长性较好，风险较大，获得金融支持需要充分的信息披露。成都地区信用信息基础设施较为薄弱，社会信用体系尚未成熟，信用信息共享困难，尤其是科技型中小企业信息公开披露程度不高，金融机构无法凭借相关信用交互平台对科技企业进行筛选、评级和授信，致使科技企业贷款成本高、效率低，互联互通的信息网有待形成。政府部门对于融资企业的信息披露没有提出具体要求，且对于要披露的信息没有统一的管理平台。信息不对称导致投资者难以衡量科技企业未来的发展潜力，投资决策困难、缓慢，制约了科技企业贷款规模增长。

2. 金融中介缺乏足够的协调

风险分摊是科技金融发展的必要条件。尽管成都已形成担保公司、担保基金和券商机构等多种类型的中介机构，但是各中介机构间尚未形成有效联动的组织体系，发展的滞后使科技企业贷款的出资方在某些情况下得不到专业担保、评估和交易机构的充分保障，潜在地增加了科技企业的贷款难度。此外，在金融产品创新方面，作为衡量标杆的科技金融专家评审制度仍未有效建立，抵押、质押资产的评估、交易、处置等标准有待统一规范，专利、知识产权、股权等轻资产难以形成独立合格的抵押、质押物，且当前采取的无形资产混搭式组合融资也面临定价难、交易难、变现难和处置难等问题。

3. 企业创新和复合人才不足

不同行业、不同技术水平的企业在不同的发展阶段所需的金融服务差异较大，需要多元化的金融支持，金融创新是推动科技金融发展的关键。目前，成都专门针对不同行业、不同类别的科创企业提供的定制化金融产品较少，创新产品多以借鉴、跟随其余省份为主，同时科创企业自身也缺乏主动寻求金融服务的意识，提高自身相关软硬件设施以消除金融机构顾虑的积极性不高。人才不足是根本原因，精通科技和金融的复合型人才极其匮乏，现有从业人员在科技和金融上基本只能兼顾一方，复合型人才的匮乏不仅放缓了科技金融的发展速度，更增大了科技金融运行的风险。

4. 科创企业未形成企业集群

为了拥抱第四次工业革命，世界各国、国内各中心城市都积极制定产业政策，培育和扶持产业集群，通过产业升级提高经济效益，增强地区的产业竞争力和促进区域经济发展。目前，成都的高新区初创企业基本处于单打独斗状态，外部经济性不足，产业链上下合作不够紧密，尚未形成有规模的高新技术产业集群，金融支持的基础比较薄弱。

二、资本市场融资潜力未充分发挥

市场是资源配置效率最高的方式，通过资本市场直接配置金融资源比通过银行等间接融资渠道更高效。成都在巩固传统的间接融资渠道外，采取了许多措施，大力发展资本市场，增加融资渠道，提高融资效率。本期天府金融指数评价体系中，成都银行融资表现稳中向好，信贷、股票、保险、债券、货币市场分列全国第六、第七、第八、第十、第十一，金融市场综合排名全国第七，与上期持平。

成都金融市场融资潜力未充分发挥，主要原因在于：第一，银行仍是成都市企业融资的首选，资本市场对企业融资的支持力度远不及预期。根据指数结果，成都A股上市企业数量、上市公司新股发行募资总额等指标均表现一般。尽管成都在多层次资本市场建设中的A股上市公司数量、新三板挂牌企业数量等指标领跑中、西部地区，但必须承认，作为全国唯一跨省区市场，目前成都区域股权交易市场挂牌公司增速放缓，与东部沿海地区差距较大。第二，上市公司债券融资乏力。由于民企自身存在实际控制人问题，经营较为激进，财务不够透明，投资者对民企债存在较大顾虑，导致发行的公司债和企业债规模小、数量少、交易不活跃，这在一定程度上制约了实体经济和金融资源的有效对接。第三，保险行业在监管趋严冲击下进行调整。2018年以来，保险行业面临“长险短做”的流动性风险、保险销售不合规引发的退保风险。对此，监管层多次出重拳整治销售乱象、渠道乱象、产品乱象和非法经营企业，并重点关注银邮代理渠道。成都当地一些小型险企以往一直靠在银保渠道做短期产品，积累大量保费。当银保渠道受限时，它们势必要转向代理人销售模式，而短时间内转型，会增加公司营销成本、减少保险规模。

三、金融发展的营商环境和制度竞争力有待提升

成都的从业环境指数位列第八，低于金融发展综合排名。从细分指标来看，成都的基础设施建设、经济环境、城市环境、制度环境分别为全国第五名、第九名、第十一名、第十五名。制度环境（尤其是法制环境）不够完善是导致成都从业环境排名靠后的关键因素，产生的原因在于：第一，任期制约下的政府所追求的短期效益与制度建设的长期性要求存在一定的冲突，没能得到很好的兼顾。例如，地方政府强烈要求属地企业高速增长，在资源配置上往往急于求成，偏离市场导向。第二，在行政分权体制下，地方政府拥有相对独立的资产配置权，能够在公司制度供给中发挥特殊的作用。中央政府在制定资源调拨政策时往往从政治、经济、社会等方面加以全盘考虑，力求资源投入尽可能辐射到更远的地区，发挥正外部性作用。基于税收利益和地方形象或社会稳定的考虑，地方政府往往会倾向于对本地发展较为成熟的公司尤其是上市公司给予特殊优惠政策。同时，地方政府对上市公司的一些不规范行为趋向于宽容态度，因此在制度环境上相对落后。

第四节　金融发展先进城市的经验借鉴

一、武汉：科技金融推动新兴产业集群蓬勃发展

聚焦新兴产业集群发展，武汉因地制宜探索新的产业政策，在科技型企业上市融资、保险应用、金融机构联动等方面有长足进步。天府金融指数各分指数排名情况显示，与上期相比，武汉在金融市场和科技金融两方面排名有显著提升，分别上升 3 名和 5 名。

1. 积极推动科技型企业上市融资

近年来，武汉市在推动企业上市的过程中不断取得新进展。2017年，武汉地区生产总值达1.34万亿元，位居中部地区第一，但在当年国内438家公司成功发审过会的情况下，武汉报会企业13家，仅新增上市公司1家。该成绩在中部地区城市中表现垫底，与武汉区域性金融中心定位并不匹配。为了更好地发挥资本市场融资作用，武汉开始筛选上市后备“金种子”企业，着力推进合格企业IPO（首次公开募股）。此后，“跑企业”“做沙龙”“出政策”成为推动武汉企业上市工作的关键词，鼓励企业通过上市公司再融资、新三板、区域股权市场、境内外发债、股权融资等渠道融资。2018年，武汉新增9家上市公司，直接融资额达1 991.82亿元，同比增长13.62%。其中，尚德机构、武汉锐科光纤激光技术股份有限公司、武汉明德生物科技股份有限公司、长飞光纤光缆有限公司、天风证券股份有限公司均来自武汉东湖新技术开发区（以下简称“光谷”）。2018年11月，武汉市人民政府下发《武汉市人民政府关于加快推进企业上市工作的实施意见》，提出用三年时间推动全市境内外上市公司总数上升至130家左右。

科创板试点的推出是中国资本市场改革深化的新篇章，是金融资本与科创要素的有机结合，是以关键制度创新赋能资本市场改革的重塑，为武汉这座“独角兽之城”提供了抢滩科创板的难得机遇。2018年3月，科技部发布《2017中国独角兽企业发展报告》，全国164家独角兽企业中，武汉斗鱼网络科技有限公司等5家武汉企业上榜，数量仅次于北京、上海、杭州和深圳，位居全国第五。作为国家级自主创新示范区，光谷一直是武汉的重要经济增长极。三十而立的光谷，拥有高科技企业1 848家、瞪羚企业300多家、知名互联网企业“第二总部”超过60家。2018年年底，中国国际进口博览会上传出设立科创板并试点注册制的消息后，武汉市地方金融工作局开始谋划布局，筛选出科创板上市后备企业52家。后备企业筛选标准除企业运营的规范性、营收、利润外，还包括企业估值、硬科技实力等体现科创板特色的指标。2019 年全国两会[①]上，武汉市被列为全国科创板准备最充分的 3 个城市之一。2019 年 3 月 21 日，武汉资本市场建设工作会议提出，2019 年将力争上市企业达 10 家，其中主板 3 家、境外 2 家、科创板 5 家。“科创板＋注册制”将带来更多上市公司增量以及更大的科技型企业融资规模，这对于正处于直接融资转型关键期的武汉来说是一次重大机遇，也是武汉市金融市场综合全面发展的一次重大利好。

2. 财政与金融大力支持战略性新兴产业集群的建设

长江中游城市群中，湖北武汉的集成电路和光电、生物医药等产业集群已成为全国具有优势的产业集聚区。根据指数结果，武汉市在科技支出占财政支出的比重、高新技术产业投资、科技型企业上市融资等方面进步显著，直接推动了武汉市战略性新兴产业集群的蓬勃发展。

目前，我国战略性新兴产业集群主要采取高科技园区发展模式和龙头企业主导模式，武汉的集群建设也主要呈现这两种状态。依托国家级高新技术产业园而建立的战略性新兴产业集群发展较为成熟，能够为入驻企业提供部分产业服务、技术服务、市场服务、金融服务、中介服务以及物流等基础设施服务。2007 年 6 月，国家发改委正式批准同意在武汉东湖高新区区域内建设武汉国家生物产业基地光谷生物城核心区，面积约为 12 平方千米，是一个集生物产品研发、生产、流通于一体，基础设施齐全、产业链完善、产业分工明确和产业竞争力强的产业聚集区。10 多年来，武汉国家生物产业基地一直保持良好的产业发展势头，入驻企业不断增加，资金需求越来越大。

光谷生物城生物园区为企业提供全程式服务，在投融资方面，现有的渠道包括协助企业争取政府专项基金支持，吸引风投机构投资，构建

① 2019 年全国两会即中华人民共和国第十三届全国人民代表大会第二次会议和中国人民政治协商会议第十三届全国委员会第二次会议。

“产—学—研”创新体系以加强技术创新，为园区企业提供担保，协助企业争取银行等金融机构贷款，积极鼓励企业利用资本市场融资等多种方式。武汉市还根据生物医药产业发展环境、市场结构、国内发展布局和产业融资现状，从企业存续发展的整个生命周期出发，继续拓宽投融资渠道，深化现有的融资模式并积极引入新的融资模式。例如，建立“园区和企业双向定期沟通机制”；对园区内所有生物医药企业进行筛选和分类；通过与企业座谈，了解企业在不同发展阶段的融资需求；分阶段为企业提供有针对性的金融扶持。其中，分阶段为企业提供有针对性的金融扶持还包括为创业初期企业提供融资担保或小额贷款；帮助创业前期企业争取政府基金支持或税收减免优惠；引导创业中期企业进入“专利转让/拍卖平台”进行技术转让；通过“风投 VS 企业”的定期沟通机制，在风投机构与创业中后期企业之间搭建桥梁；通过“资本市场对接器”，为即将上市的企业提供帮助；在企业每一次融资需求得到满足之后，及时跟踪企业反馈，总结经验并规划下一步发展方向。

龙头企业是某一产业中最活跃、最有影响力的经济组织，对该产业集群发展、上下游企业有重要影响。龙头企业由于规模大、实力强，可产生知识外溢效应，研发并生产战略性新兴产业产品，带动地方产业升级。武汉市特别重视引进、培育龙头企业，大力发展“龙头企业入驻+政府优惠政策+关联企业跟进”模式。随着龙头企业的入驻，其产业链关联性企业和服务企业会集群性跟进，许多地方性企业也会提供相应的供货服务和物流服务，再辅以地方政府的特殊优惠政策，有助于促进战略性新兴产业集群较快发展。2019 年 1 月 19 日，联想集团与武汉东湖高新区签署联想智能物联网总部项目合作协议，拟在武汉设立智能物联网总部，深化智能物联网平台及前沿技术研发，加速智能物联网和大数据、AI（人工智能）等新技术在湖北武汉落地。

二、上海：以创新优化营商环境，建设国际金融中心

上海肩负着建设国际经济、金融、贸易和航运四个中心的重任，四个中心相辅相成、同步推进，建设成功的关键在于营商环境。这也是上海市金融中心建设的重中之重。天府金融指数各分指数排名情况显示，上海从业环境位居全国第一，尤其是城市环境和制度环境优势突出。2018 年，上海市继续大胆创新，注重生态环境建设，率先推行垃圾分类，营造良好的城市环境。通过推进法律制度和信用体系的建设，上海市加强了金融法治，营商环境的改善提升了上海金融的国际竞争力。

1. 建设生态环境监测网络，提高环境风险应急能力

绿色发展、舒适宜居，是国际金融中心必须具备的条件。上海市不断完善环境监测监管体系，建设覆盖全市功能区的环境空气质量、地表水环境、土壤环境和声环境监测网络，建立全方位的生态遥感系统，加强生态监测与评估，实现数据实时监测共享，提高污染预警水平。上海推进智慧环保发展，通过建设生态环境大数据平台，开展环保大数据挖掘分析和应用研究，加强环境保护信息化建设，使得污染源管理更加科学和准确。不仅如此，上海还制定了一整套生态环境保护制度，并根据地理特点和实际情况，因地制宜地制订出水土环境保护方案，严格预防水环境和土壤环境污染；建设有环境风险防控系统，实现事前完善预防、事中高效处置、事后评估整改的全过程应急管理，完善监管执法平台，推动企业环境风险防范能力建设。

2. 推进法制环境建设，重视信用体系的完善

国际金融中心要求市场信息公开透明、市场主体行为合法合规。为此，上海采取创新措施，强化金融发展所需的法制环境建设。例如，上海率先在全国建立了金融法制联席会议，调动多方面力量推进金融法制建设；率先在司法体制方面建立金融审判庭、金融检察科和金融仲裁院。2018 年

8月20日，上海金融法院正式成立，有助于进一步建立公正、高效、权威的金融审判体系，营造良好的金融法治环境。

信用是金融发展的根本，上海着力完善区域征信中心，为金融服务提供信用支持。上海于2017年10月率先出台并实施地方信用法规，加快推动信用体系建设。2018年12月，上海市商务委、上海市司法局、上海市信息中心三方共同签署《推进商务领域和司法领域信用合作备忘录》，建立上海商务诚信平台，促成商务诚信与司法公信的合作，为改善优化市场信用环境发挥了更大的作用。2019年，上海又推进了“放管服”改革，建立多层次企业信用融资服务体系，加快构建以信用为核心的新型监管机制。此外，上海还完善了信用长三角平台建设，深化长三角地区信用合作，推动公共信用信息共享，从而打造长三角信用数据资源池。

3. 着力优化营商环境，防控金融风险

科创板为上海引入各类科技创新企业提供重大契机。2019年6月13日，科创板正式开板，其通过设置更为灵活的上市标准、多元包容的上市条件和注册制来鼓励科技创新企业发展，推进产业结构升级。随后，更多创新科技企业入驻上海，为上海经济可持续发展、扩大金融需求奠定了基础。

防范金融危机，确保经济金融正常运行，是良好的营商环境的内在要求。上海积极强化综合监管、功能监管，实现金融监管全覆盖，主动防范化解金融风险；通过建设金融风险管理与压力测试中心，构筑金融安全网，有效维护区域金融安全稳定。2018年11月，上海正式组建上海金融监管局，严格履行国家赋予地方的金融监管职责，确保金融各项工作的连续稳定开展，防范和化解跨领域、跨区域金融风险，将营造更加良好的金融发展环境，更好地推动上海国际金融中心建设。

4. 与国家开放战略深度联动，打造国际金融中心

上海建设国际金融中心，必须准确定位，要加强金融中心建设与“一

带一路”、自贸试验区、科创中心建设等国家战略的深度联动，在推动中国经济发展中壮大金融实力、提升金融地位。这是国家对上海金融发展的要求，也是上海营商环境建设的准则和方向。2013年9月29日，上海自由贸易试验区正式挂牌，为全面深化改革和扩大开放探索新途径、积累新经验。自贸区建设的重要内容之一就是金融改革开放。“一行三会”出台的51条支持自贸试验区建设的意见和措施，涉及金融制度安排、金融市场建设、金融机构设立和金融业务开展等多方面内容。2015年3月，各金融主管部门进一步推出“新51条”举措，涉及加快人民币资本项目可兑换先行先试、扩大人民币跨境使用、扩大金融业对内对外开放、建设面向国际的金融市场、完善金融监管等多方面内容。同年10月，中国人民银行会同各主管部门、上海市政府联合印发了《进一步推进中国（上海）自由贸易试验区金融开放创新试点　加快上海国际金融中心建设方案》（“金改40条”），该文件被看作新阶段深化上海自贸试验区和上海国际金融中心建设的纲领性文件，为未来上海金融业的发展指明了方向。2017年3月，国务院进一步发布《全面深化中国（上海）自由贸易试验区改革开放方案》，明确提出“三区一堡”的战略目标，突出强调了增强“一带一路”金融服务功能。2018年以来，上海市根据中央文件精神，连续发布了《中国（上海）自由贸易试验区关于扩大金融服务业对外开放进一步形成开发开放新优势的意见》（“自贸试验区金融开放25条”）、“上海扩大开放100条”等政策，上海自贸区的对外开放又迈出一大步。2019年，上海自贸试验区临港新片区正式建立，致力于打造“更具国际市场影响力和竞争力的特殊经济功能区”，建设具有国际市场竞争力的开放型产业体系。

三、深圳：健全体制集聚金融人才，多层次金融促进实体经济发展

深圳市金融发展取得突破，是本期天府金融指数排名前十的城市中总指数得分增长的城市。在人力资源指数方面，深圳位居第三，得分远超其

他城市。深圳在基础设施（从业环境二级指标）、金融市场、金融机构方面分别位居全国第一、第二、第三。这得益于深圳市在人才储备、基础设施投资、跨境金融、优惠体系建设、企业上市、鼓励创业投资、发展供应链金融、重视民营经济等方面采取的一系列重要措施。

1. 实施金融人才培养专项方案，争夺优质金融人才

深圳市为金融人才的储备提供了全方位的政策支持。2018 年 8 月，深圳市发布《关于实施“鹏城英才计划”的意见》，提出要通过单列金融人才队伍建设专项资金、每年组织金融人才研修班等方式，重点培育金融科技、创业投资、融资担保、资产管理等紧缺金融人才。2019 年 1 月，深圳市发布首个专门面向金融人才的支持政策——《深圳市支持金融人才发展的实施办法》，通过经费资助、奖励补贴、人才培训、促进交流等措施，一方面支持金融人才个人发展，为金融机构、协会、研究院所提供赞助，吸引和培养专业金融人才；另一方面支持深圳市金融机构、行业协会等与港澳同业联合举办行业论坛、专题培训等各种形式的创新交流活动，为深圳向国际化金融中心的发展进一步提供金融人才支持。

2. 推进基础设施投资市场化，建设大湾区国际金融枢纽

2018 年 12 月，由深圳市三家市属国企共同出资、深圳市发改委会同财政等部门共同组建的深圳市基础设施投资基金正式设立。该基金有利于有效发挥政府投资杠杆作用，提高政府投资效率，推进基础设施建设市场化运作，助力深圳建设成为现代化国际都市。

深圳的跨境金融政策具有先行先试的特点。2010 年以来，深圳市一直致力于把前海打造成引领深圳金融业改革、开放、创新的新特区。2018 年，前海金融资产交易所与相关部门协作完成了全国首单保理资产跨境转让人民币结算业务。《粤港澳大湾区规划发展纲要》发布后，深圳市积极促进粤港澳三地金融机构在人民币计价的海外发债、股票、基金等方面的合作，研究推动建立大湾区内金融机构的“‘通行证’机制＋‘异地分支’机制”，

设立金融监管联合协调机构，开展广泛的监管对话与合作，建设大湾区国际金融枢纽。

3. 重点推进优惠政策体系建设，强化多元金融机构的集聚效应

深圳不断优化促进金融业发展的优惠政策支持体系，鼓励国内外金融机构独立业务部门、配套中介服务机构、金融信息企业和金融科技企业等以设立法人总部、区域总部和分支机构等形式落户深圳，进一步强化深圳以金融机构为支撑、以总部设立为目标的金融市场体系建设。

深圳市积极推动保险业改革创新。深圳市在国家政策的支持下建设了我国首个“保险创新发展试验区”，大力支持前海保险业中心的建设，加快专业保险机构、再保险机构和保险服务配套机构向前海的集聚，通过开展跨境人民币再保险业务、建设国际航运保险等创新型保险要素交易平台以及合作开发创新型跨境保险产品等措施，推进深港保险市场互联互通，融合发展。

4. 支持中小企业上市，推动创业板注册制改革

深圳一直重视民营企业上市培育，先后颁布实施《深圳市中小企业上市培育工程实施方案》《关于扶持我市中小企业改制上市的若干措施》，并于2018年修订出台了《关于进一步推动我市中小企业改制上市和并购重组的若干措施》[①]，充分调动企业上市积极性，形成更加系统、全面的扶持企业上市政策。2009年以来，创业板上市公司由最初的28家发展到772家，已经成为激发创新创业的重要引擎。未来，深圳将进一步推动创业板改革，增强创业板市场的包容性，让更多处于成长期的中小企业获得融资机会。

5. 完善投资服务体系，促进创投和供应链金融的发展

深圳努力构建促进创业投资发展的良好环境，着力将深圳打造成为国际风投创投中心城市。以创业投资为核心的综合性投资集团——深圳市创

① 为调动企业上市积极性，降低企业上市成本，深圳分阶段给予改制上市企业最高150万元的资助，其中在境内中小板、创业板上市完成改制的资助50万元，完成辅导的资助100万元，境外上市给予最高80万元的资助。

新投资集团有限公司成立于1999年，在鼓励对信息科技、先进制造、生物医药、新能源和互联网等领域创业投资方面发挥了重要作用，截至2019年6月底，其投资企业数量、投资企业上市数量均为国内创投行业第一名。2019年1月，深圳市政府开始实施《深圳市促进创业投资行业发展的若干措施》，支持并购投资基金发展，鼓励国有企业参与创业投资，有序扩大创业投资对外开放，努力建立和完善以政府基金为引导、以社会资金为主体的创业资本筹集机制和市场化运作模式。

深圳市重视供应链金融的发展。深圳是国内供应链金融的发源地和集聚地，目前已云集了全国八成以上的供应链企业，其中怡亚通、飞马国际、普路通和东方嘉盛已经成功上市。2018年12月，在政府、银行、企业三方推动下，深圳市首个供应链金融服务平台落地；2019年1月，深圳市政府发布《关于促进深圳市供应链金融发展的意见》，指导深圳市供应链金融产品和服务体系的进一步完善。

6. 推出“四个千亿”措施，支持民营经济发展

深圳市推出“减负降成本1 000亿元以上、实现新增银行信贷规模1 000亿元以上、实现新增民营企业发债1 000亿元以上、设立总规模1 000亿元的民营企业平稳发展基金”——“四个千亿”措施，旨在缓解民营企业“融资难”“融资贵”的问题。此外，深圳市还采取了多种措施重点发展民营经济：一是将“深圳市中小微企业银行贷款风险补偿资金池”的规模由20亿元扩大到50亿元，覆盖对象由中小微企业扩大至非法人小微企业主及个体工商户，提高银行机构不良贷款容忍度，撬动新增银行信贷规模1 000亿元以上；二是用好民营企业债券融资支持工具，安排100亿元发债增信资金，为符合条件的融资担保机构提供增信资金支持；三是吸引社会资本参与组建民营企业平稳发展基金，重点用于解决深圳优质民营上市企业的大股东股票质押风险、优质上市公司流动性紧缺问题，以及对发展前景较好的民营企业进行必要的资金支持。

第六章

成都建设西部金融中心的政策建议

第一节 优化农村金融生态，推动农业规模化产业化发展

农业资源丰富的四川省在农业生产提质提效的队伍中始终走在全国前列，然而金融资源未能大规模、高效、有序地进入农业生产领域。要提高农业综合效益，推动农业转型升级和高质量发展，成都市需要从财政、机构、产品、市场四个方面下功夫。

第一，相关部门要继续大力支持高标准农田建设，进一步整合农村土地资源，为金融资源进入农业领域提供必要条件。首先，要整合省级涉及高标准农田建设项目的资金，设立高标准农田绿色示范区专项基金，加大对特色农业强镇、农村全产业链等项目建设的投入力度；其次，要健全农村产权交易服务机制，引进、培育专业农产品生产与运营的龙头企业，优化土地、设备等资源要素配置，鼓励新型经营主体、龙头企业按照规划要求，自主开展示范区建设，加快构建高标准、现代化的农业生产与经营体系，为金融资源进入和推动规模化产业化农业提供现实基础。

第二，相关部门要充分发挥金融创新作用，加强金融机构间的互动合作，提升金融服务农业的水平和效率。首先，要继续鼓励保险机构创新农产品价格指数等涉农保险品种，完善财政补贴机制，拓展补贴险种与群体的范围；其次，要提高各金融机构创新农村金融产品的积极性，加强农业保险与信贷的协同，采用“农村产权+保单”的抵押贷款模式，拓宽农业资金面；最后，要深化金融部门、金融机构与发改委、财政部、农业农村部等的合作，以及与国家农业信贷担保体系、风险补偿基金、地方中小型涉农产业基金等的合作，加大与大型农业龙头企业、金融同业合作力度，对外尝试建立外资金融机构在四川乡村从事农村金融业务的改革开放试点，自上而下集合多方力量共同推动金融服务乡村振兴。

第三，相关部门要注重提升成都农产品品牌价值，推动农产品向“一

带一路”沿线国家“走出去”；统一界定农田建设标准、绿色农业标准，完善农产品质量标准体系，保障“米袋子”“菜篮子”食品安全，充分发挥农业资源优势，打造蔬菜、水果、茶叶等特色农产品品牌，借助农业龙头企业所提供的交易窗口、农户会员开发及管理、市场推广等服务，使成都农产品成为标准化、品牌化的商品，走出省门甚至国门，提高成都农产品的附加值。农产品的高质量生产、加工与出口对资金供给和风险规避提出了更高的要求，这就需要政府、银行、基金、保险、担保等多部门的联动支持。

第四，相关部门要重点营造良好的农村金融生态，推动农业规模化产业化发展，最终形成金融资源的高效率运转与农业的高标准生产相互促进的良性循环；要深化农村集体资产股份化改革，着力推进小农户与新型经营主体（家庭农场、合作社、农业龙头企业）的有机衔接，推动财政资金、信贷资源与规模化农业主体的有机结合，构建稳定、通畅、透明的农业价值链/供应链；还要降低其他社会资本进入农业项目的交易成本，有力推动农业龙头企业上市、发债，做大做强农产品企业并形成企业群，深化农业区域合作，带动成都向西部农产品集散流通中心、农产品对外开放枢纽转变，搭建生猪、林材、菜籽等农产品期货交易平台，使金融支持向配套的物流、仓储、保险、咨询等方面延伸。

第二节　继续完善绿色金融体系，创建生态文明建设示范城市

成都市积极响应政策号召，开展多项绿色金融业务，然而与绿色金融体系构建相关的各项政策的指引力度还有待加强，对环境治理、清洁能源、生态农业等的资金支持仍以绿色信贷为主，绿色债券、保险等方式使用较少，绿色融资渠道需要进一步拓宽。

首先，成都市要充分发挥政府引导作用。其一是要细化支持机制，因

地制宜增强政策的适用性和针对性，继续完善成都市绿色金融政策框架，支持传统企业向绿色企业转型，助推产业结构“绿化”；其二是要在政府贴息、建立绿色专项基金、绿色信贷补偿的基础之上，探索创新绿色产业风险分担机制，发挥政府公信力在企业与金融机构之间搭建信息畅通渠道的作用，降低担保费率，提高绿色企业、绿色项目的融资效率；其三是要利用绿色项目PPP（政府和社会资本合作）模式撬动社会资本支持污水噪声治理、生活垃圾处理、河道治理等，积极探索建立全省统一的绿色企业项目库。

其次，成都市要借助四川联合环境交易所平台，发挥信息整合优势，开展绿色低碳融资业务。积极推动西部地区乃至全国碳排放权、排污权与节能量等传统环境权益交易体系的建设，继续探索新都区VOCs（挥发性有机物）交易试点的建设，并推动低碳融资服务、绿色公共服务、低碳转型服务的发展和完善。在节能融资服务方面，成都市要创新探索可行的业务模式，如为合同能源管理项目提供融资信用增强和交易配套服务，同时开展示范性节能减排技术项目推广及投融资咨询等增值服务，帮助节能环保企业进行设备技术改造升级、资产配置优化、能耗管理水平提升、设备融资租赁，提高节能环保企业投资回报综合效益，为节能环保新兴支柱产业的成长壮大和地方低碳产业的发展提供强有力的支持。

再次，成都市要积极建立绿色信贷、绿色债券、绿色保险、环境要素交易等多元化绿色金融产品体系，推动绿色融资产品和服务创新；针对污染防治、清洁能源开发利用、城市绿化等环保产业提供定制化金融服务。现有的有机农业生产信贷产品、农产品价格指数保险等范围较为局限，成都市还需要为环保技术、能源开发等产业加大信贷投放力度，加快绿色债券发行步伐。页岩气、天然气、水电等清洁能源的开发利用技术含量高、前期投入大、回报期长、风险高，因此成都市应对首台（套）保险、高新技术产业投贷联动等绿色金融配套机制进行完善。

最后，成都市要突破生态农业融资局限，加快城乡一体融合发展，使绿色金融更好地服务乡村振兴。一方面，农业生产方式的改变将带来农民居住环境的改变，农民随田聚居的“川西林盘”模式不仅适合农田整合和高标准建设后的农业生产模式，而且政府还可以引入林盘观光农业，推动农业生产与生态旅游一体化发展，打造生态景区、文化遗产的品牌；另一方面，农业产业链上下游的环境治理的资金需求越来越大，如秸秆回收、畜禽废弃物无害化处理、治理农业面源污染等，在推动农业规模化发展的同时实现生态化发展。

第三节 深化金融创新，推动新兴产业集群发展

2018年7月，成都市研究制定的《成都市高质量现代化产业体系建设改革攻坚计划》提出，成都将以电子信息、装备制造、医药健康、新型材料和绿色食品产业为重点，全面推动产业集群成链发展。在电子信息等战略性新兴产业集群的形成和发展过程中，成都应当结合制度创新与金融创新，充分发挥金融的作用，提升区域协同创新能力。

第一，按照发挥优势、凸显特色、聚焦突破、错位发展的原则，推动区域协同创新。新一代信息技术产业集群在以成都、重庆、西安为核心的“西部黄金三角区”得到了一定的发展，但是人才资源、科技基础、产业规模、发展前景不及环渤海、长三角、珠三角地区，而更多具有承接东部地区产业转移的成长空间。因此，成都市要依托现有产业集聚区，创新区域发展政策，聚焦产业内龙头企业，积极采取诸如建立产学研合作中心和跨区域协同创新中心、搭建技术交流平台、聘请创业导师指导等措施来提升集群内部的协同创新能力，避免多头出击、重复建设，基于产业链、价值链培育适应区域资源优势和发展特点的高品质新兴产业集群。

第二，促进投资主体的多元化，创新融资模式，调动非银机构的积极

性。在直接融资渠道方面，成都市要大力引导企业科创板上市，健全股权融资机制，鼓励设立共同基金融资、信托融资、项目融资等，多渠道拓宽企业的长期性资金来源。在间接融资渠道方面，成都市要对小额信贷机构投资产业集群发展给予税收、监管方面的政策优惠。在财政支持方面，成都市要设立新兴产业政府引导基金，形成示范效应，由政府资金引导更多社会资金设立新兴产业投资基金和国际化投资基金；要充分发挥“投保贷联动”“首台套”对培育新兴产业集群企业的积极作用，调动保险公司、融资租赁、金融租赁和融资担保等非银机构的积极性。

第三，借助科技力量发挥金融普惠作用，扶持集群内中小微企业良性发展。成都市要尽力使科技与金融深度融合，金融资产可通过互联网、物联网与各类平台有机结合，构建集群信息大数据平台，为集群小微企业画像、增信；还要进一步突破传统融资方式的局限，在供应链基础上构建更加庞大的产业链金融生态体系，实现对产业链条上下游特别是中小企业的全覆盖融资服务，从而提高资本配置效率、缓解融资约束、降低信息和交易成本，促进产业资本进一步集聚，推动电子信息等产业集群的不断壮大。

第四，新兴产业集群是技术创新根植的厚土，也是金融创新的良好载体。成都市要针对电子信息、医药健康等新兴产业高风险、轻资产等特点，根据新兴产业细分行业和生产性服务业的特点和差异，研发具有针对性的金融产品；要大力拓展各类动产抵押、权利质押、未来收益权质押、科技专利等创新类或知识产权类质押业务，积极运用应收账款质押、仓单质押贷款、融资租赁贷款等多种融资工具；要稳步发展中小企业集合债和集合票据，推广小企业集合债券信托基金，加快固定收益类产品创新；要研究适合科技创新型企业发展特点的资产证券化项目和产品，探索适用于早期发展阶段的科技创新型企业的私募债券和高收益债券。

第四节　围绕“六稳”目标，优化金融结构，强化金融机构集聚效应

成都市要围绕“稳就业、稳金融、稳外贸、稳外资、稳投资、稳预期”的目标，以新兴产业集群、现代农业为引领，全面推动高质量发展、实施高效能治理、创造高品质生活；还要积极优化金融结构，实现银行信贷、企业上市、保险、担保、基金、外资等多条渠道有效联动，发挥金融集聚效应。

第一，加快金融供给侧结构性改革，着力于优化金融结构，建设多层次金融体系，减轻对银行信贷的依赖。直接融资、风险投资和产业基金在电子信息、医药健康、绿色食品等新兴产业起步阶段是最合适的金融手段。为了打破新兴产业集群、现代农业发展的资金约束，同时利用更加市场化的融资手段筛选优质主体来提高资源使用效率，成都市应加强直接融资与间接融资模式的错位发展和互补，推进以“新三板”为基础的场外交易市场的建设，大力发展企业债券市场，加快多层次资本市场体系的建设；有计划地推进成都市科技企业上市融资，引导更多符合条件的科技创新型企业到科创板、中小企业板、创业板和海外上市；探索发展乡村绿色债务融资，推动优质绿色农业企业上市融资和再融资，鼓励符合条件的企业发行绿色债券。

第二，创新金融方式和产品，重点推进专门化、特色化的新型金融机构的创设。一方面，成都市要采取“基金＋”“银行＋”“保险＋”等新模式，灵活多元地为集群企业提供定制化金融支持，增强企业信用，提升企业竞争力；要丰富和完善成都市保险市场体系，支持设立自保公司、相互制保险公司等新型保险组织以及货运保险、健康保险、农业保险、绿色保险等专业保险机构。另一方面，成都市要以“农贷通”为基础，利用互联网金融，进一步健全具有成都特色的“线上＋线下”农村金融机构体系，

促进农村金融机构创新产品与服务，设计符合农业生产经营主体的循环贷款，发挥农业保险、绿色保险在农业可持续发展与生态环境保护中的重要作用。

第三，完善自贸区开放政策和改革措施，培育吸引外资“向心力”。商务部相关数据显示，2019年以来，我国高技术产业吸收外资持续保持较高增速，医药制造、电子及通信制造等高端制造业的快速发展，让外资看到了海量的投资机会。因此，成都市要依托自贸区窗口强化对外开放“组合拳”，深化出入境“放管服”改革，提升国际化营商环境水平；着力打造完整配套的产业链，提升成都重点产业领域的集聚度和竞争力；利用制度环境和产业优势的内生力量让外资进得来、留得住，为成都市新兴产业、现代服务业的发展带来充足资金、技术和先进的管理经验。

第四，强化金融机构集聚效应，提高金融市场资源配置效率。借助构建以先进制造业、现代服务业和新经济为支撑的现代化开放型产业体系的契机，成都市可以从低效能制造企业和房地产市场中释放更多金融活力，吸引国内外各类金融机构、多元化金融业态进驻成都，发挥金融中心的集聚效应，从而优化全社会金融资源的配置。在现有基础上，成都市还应大力支持国内外金融企业在成都设立分支机构或区域总部，鼓励金融机构业务部门、与金融业发展相配套的中介服务机构和金融科技企业等落户成都，强化以多元化金融机构为支撑的金融市场体系建设，从而进一步增强成都金融业的核心力、集聚力和辐射力。

第五节　加强高素质金融人才储备，有序推进金融业对外开放

成都市在科技金融、农村金融、绿色金融等领域的发展离不开复合型人才的培养和引进，特别是熟悉科技型企业生命周期、集群创新发展模式与融资特点的科技金融人才，深耕农村市场、了解农业生产特点与农户需

求的农村金融人才，以及思维活跃、善于创新的绿色金融人才。

第一，成都市要加大成都金融市场机构、银行、金融监管部门等与高校、智库、培训机构、新金融人才产教融合联盟等的常态化合作力度，提供相应的财政支持，努力培养一批适应成都产业发展特点的高素质复合型金融人才；与企业直接对接，为其员工提供金融培训，促进教育链、人才链、产业链、创新链的有机衔接，为现代金融协同发展的产业体系提供有力保障。

第二，成都市要在积极落实现有人才引进政策的基础上不断创新和完善政策，在住房补贴、子女教育、职业规划、养老等方面加强政策支持力度、加大人才吸引力度，大力引进各类金融机构特别是股权投资领域的优秀管理人才，壮大各类股权投资基金投资管理队伍的规模，为成都金融业打下坚实的人才基础，加快形成人才竞争优势。

第三，成都还要聚力打造国际门户枢纽，深度融入“一带一路”建设和长江经济带发展，坚持“四向拓展、全域开放”，加快打造国际门户枢纽和内陆开放高地，必须坚持金融的“开放融通”。具体有以下三个方面：

首先，成都市要进一步丰富融资方式，减轻自贸区企业负担，如鼓励银行、金融租赁公司联合创新住房金融产品，支持符合条件的机构在自贸区设立金融租赁、融资租赁、商业保理公司，开展多种形式的融资对接活动等。

其次，成都市要以自贸区为起点扩大人民币影响力，为符合制度要求的自贸区企业开辟绿色结算通道，推动人民币在四川自由贸易试验区成都片区与“一带一路”沿线国家跨境贸易和投资的使用。

最后，成都市要借助非国家储备货币交易中心、“一带一路”资讯服务中心和“一带一路”大宗商品交易中心的建设，打造“一带一路”金融服务中心，积极争取设立跨境金融服务试点，加大与境外金融市场合作交流的力度，进一步提升自身的跨境金融服务功能，促进跨境投融资便利化；

还要以金融要素的流通作为纽带，推动经贸投资多层次合作，促进全球产业链优化布局，通过开放积聚人气，通过包容增添活力，逐步提升成都金融业的国际影响力。

第六节　坚守金融服务实体经济的本源，发挥"看得见的手"的保障作用

成都市经济高质量发展需要高水平的金融供给，从而对社会信用环境、法制建设、教育体系、政府政策框架提出了更高的要求。在金融体系的发展变化中，成都市只有坚守金融服务实体经济的本源，方能促进新工具、新模式发挥推动新旧动能转换和产业结构升级的正向效应。在这个过程中，政府的积极引导和坚实保障不可或缺。

第一，完善政策体系，优化营商环境。成都市应坚持市场导向，发挥市场在资源配置方面的决定性作用，政府主要在市场失灵的地方尤其是在基础设施配套、知识产权法律体系、税收激励政策、贷款贴息以及信用体系建设等方面积极作为，保护企业创新积极性；优化担保机制，规范融资担保机构的业务，对从企业筛选到尽职调查的一系列流程进行规范，强化创投项目的专业评审，引导合理设置担保额度，使担保业务更加高质量地开展；发挥金融服务信息平台的积极作用，促进政府、企业与投资者之间的长效沟通机制的建立，降低投融资双方的信息不对称程度，营造良好的投融资环境，引导社会资本、外资的大规模长期投入。

第二，加强法制建设，特别是推进金融发展的法制环境建设。建设多层次资本市场意味着投资者类别和数量的增加，因此成都市要加强金融消费者权益保护体系建设，保护消费者财产安全权、信息安全权、知情权、自主选择权和公平交易权。新兴产业集群发展意味着更多的轻资产企业需要金融支持、金融创新，因此成都市要加强专利权、商标权、版权等要素

市场和产权市场法治建设，打击网络非法经营、非法集资等违法犯罪行为。此外，成都市还可以借鉴上海市的经验设立金融法制联席会议，成立专门金融法院，建立公正、高效、权威的金融案件审判体系。

第三，健全监管体系，防控金融风险。当前，受国际贸易环境不确定性增强、国内经济下行压力增大等因素影响，制造业整体增速放缓，企业融资潜在风险增多，杜绝新的产能过剩、防控金融风险仍需多方合力。政府要发挥宏观审慎职能，坚持适度发展、质效并重的原则，防止新兴产业规模无限制扩张，以杜绝新的产能过剩隐患。相关监管部门要引导实体企业优化自身经营及财务管理模式，注重民营企业主“企业家精神”的培育；要引导金融机构强化事前审查与贷后管理意识，在行业投资、融资担保等方面给予指导，健全信用风险管理机制；还要针对金融创新相应地创新监管方式、健全监管体系，强化金融机构在金融创新过程中的风险防范意识。

参考文献

[1] 白钦先，谭庆华. 论金融功能演进与金融发展 [J]. 金融研究，2006 (7)：41-52.

[2] 蔡真. 国际金融中心评价方法论研究：以 IFCD 和 GFCI 指数为例 [J]. 金融评论. 2015 (5)：1 -17，122.

[3] 曹颢，等. 我国科技金融发展指数实证研究 [J]. 中国管理科学. 2011 (3)：134-140.

[4] 陈雄兵，吕勇斌. 金融发展指数的构成要素及其国际比较 [J]. 改革. 2012 (8)：53-58 .

[5] 陈雨露，马勇. 大 金 融 论 纲 [M]. 北京：中国人民大学出版社，2013.

[6] 成学真，唐晓云. 西部省会城市金融竞争力比较及评价 [J]. 价格月刊，2009 (2)：63-65.

[7] 范高乐，叶莉. 科技小微企业技术市场投融资窗口的服务模式分析 [J]. 区域经济评论，2019 (5)：133-140.

[8] 高晓龙. 金融化与实体经济资本市场探析 [J]. 经营管理者，2019 (8)：78-79.

[9] 贾妍妍. 我国科技金融发展思考 [J]. 合作经济与科技，2019 (18)：70-71.

[10] 贾中正，等. 城市金融竞争力研究 [J]. 金融观察，2014 (2)：30-37.

[11] 焦瑾璞，等. 中国普惠金融发展进程及实证研究 [J]. 上海金融，2015，4 (11)：12-22.

[12] 李敬. 金融支持科技创新的实践性机制研究：以苏中典型地区泰州为例 [J]. 中国经贸导刊 (中)，2019 (9)：20-24.

[13] 连平，周昆平. 科技金融，驱动国家创新的力量 [M]. 北京：中信出版社，2017.

[14] 梁小珍，等. 基于城市金融竞争力评价的我国多层次金融中心体系 [J]. 系统工程理论与实践，2011 (10)：1847-1856.

[15] 林晓，等. 环渤海地区中心城市金融竞争力评价及辐射研究 [J]. 地域

研究与开发，2014，33（6）：7-11.

[16] 刘伟，潘宏胜. 城市金融竞争力的测度与比较 [J]. 金融问题研究，2004（1）：74-76.

[17] 刘亦文，等. 中国普惠金融发展水平测度与经济增长效应 [J]. 中国软科学，2018（3）：36-46.

[18] 鲁晴，杨宏斌. 金融科技时代商业银行转型发展的机遇、挑战和对策研究 [J]. 科技经济导刊，2019，27（25）：189-190.

[19] 潘英丽. 国际金融中心：历史经验与未来中国 [M]. 上海：格致出版社，2010.

[20] 齐岳. 完善多层次资本市场下的区域性股权市场“地理性整合”研究 [J/OL]. 贵州省党校学报，2019（4）：54-60.

[21] 乔章凤. 国际金融中心评价指数比较研究 [J]. 新金融. 2016（9）：13-17.

[22] 孙国锋，唐丹丹. 文化、科技、金融产业间耦合协调发展研究：基于江苏省 2005—2016 年数据的实证分析 [J]. 科技和产业，2019，19（9）：7-13，160.

[23] 唐坚. 新时代中国多层次资本市场的构建路径研究 [J]. 现代经济信息，2019（15）：1-2，6.

[24] 唐礼智，朱建锋，曹路萍. 金融竞争力、辐射力与海峡两岸区域性金融中心构建 [J]. 福建论坛．人文社会科学版，2014（4）：131-135.

[25] 吴楚键，阮珊妮. 区域内科技金融系统间联动影响发展研究 [J]. 时代金融，2019（25）：51-55.

[26] 肖大伟，庞博. 城市金融竞争力研究述评 [J]. 齐齐哈尔大学学报，2006（3）：51-54.

[27] 薛波，杨小军，彭晗蓉. 国际金融中心的理论研究 [M]. 上海：上海财经大学出版社，2009.

[28] 闫妍. 建立我国西部金融中心的实证分析 [D]. 成都：西南财经大学，2010.

[29] 姚星垣. 我国金融中心建设支持经济转型的机制研究：基于 CDI 中国金融中心指数的 SEM 实证分析 [J]. 浙江金融. 2013 (4)：19-22，10.

[30] 姚洋，高印朝. 金融中心评价指标体系研究 [J]. 金融论坛. 2007 (5)：3-8.

[31] 张建森，余凌曲，熊文祥. 中国城市金融竞争力评价的指标体系研究 [J]. 开放导报，2008 (4)：76-80.

[32] 张祥. 中国各金融中心比较 [J]. 中国经济报告. 2014 (2)：50-56 .

[33] 庄庆. 城市金融竞争力研究与评价：以江苏省为例 [J]. 金融实务，2008 (4)：52-56.

[34] BITTENCOURT M. Financial development and inequality：Brazil 1985—1994 [J]. Economic Change and Restructuring，2010，43 (2)：113-130.

[35] BOSE N，COTHREN R. Equilibrium loan contracts and endogenous growth in the presence of asymmetricinformation [J]. Journal of Monetary Economics，1996，38 (2)：363-376.

[36] BUTLER A W，CORNAGGIA J. Does access to external finance improve productivity? Evidence from a natural experiment [J]. Journal of Financial Economics，2011，99 (1)：184-203.

[37] DAVIS E P. International financial centres：an industrialanalysis [M]. Economics Division，Bank of England，1990.

[38] GEHRIG T. Cities and the Geography of Financial Centres [R]. CEPR Discussion Papers，1998.

[39] GOLDSMITH R W. Financial structure anddevelopment [M]. New Haven：Yale University Press，1969.

[40] GREENWOOD J, JOVANOVIC B. Financial development, growth, and the distribution ofincome [J]. Journal of political Economy, 1990, 98 (5, Part 1): 1076-1107.

[41] KE CHEN, GUO CHEN. The rise of international financial centers in mainland China. Cities. Volume 47, September 2015: 10-22.

[42] KINDLEBERGER C P. The formation of financial centers: A study in comparative economichistory [M]. Princeton: Princeton University Press, 1973.

[43] KING R G, LEVINE R. Finance and growth: Schumpeter might beri-ght [J]. The quarterly journal of economics, 1993, 108 (3): 717-737.

[44] MARTA DEGL'INNOCENTIA, ROMAN MATOUSEKB, ZELJKO SEVICC, et al. Bank efficiency and financial centres: Does geographical location matter? Journal of International Financial Markets, Institutions and Money. Volume 46, January 2017: 188-198.

[45] MARTIN R. Stateless monies, global financial integration and national economic autonomy: the end ofgeography [J]. Money, power and space, 1994: 253-278.

[46] MCKINNON R I. Money and capital in economicdevelopment [M]. Washington, D. C: Brookings Institution, 1973.

[47] MURAT KASıMO GLU, ZEYNEP SEMA GÖRE, EMEL ALTıN. Competitiveness Analysis of Istanbul Financial Center. Procedia - Social and Behavioral Sciences. Volume 235, 24 November 2016: 771-781.

[48] Omar. Farooq, Ilham. Zarouali. Financial centers and ownership con-centration: When is ownership concentration value relevant? Evidence

from an emerging market. Research in International Business and Finance. Volume 38, September 2016: 236 - 245.

[49] PARK, YOON S, MUSA ESSAYYAD. International banking and financial centers [M]. Springer Science & Business Media, 1989.

[50] PORTEOUS D. The development of financial centres: Location, information externalities and path dependence [J]. Money and the space economy, 1999: 95-114.

[51] SAINT-PAUL G. Technological choice, financial markets and economicdevelopment [J]. European Economic Review, 1992, 36 (4): 763-781.

[52] SCHUMPETER J A. The Theory of Economic Development [M]. Cambridge: Harvard University Press, 1911.

[53] SHAW E S. Financial deepening in economicdevelopment [M]. London: Oxford University Press, 1973.

[54] THRIFT N. On the social and cultural determinants of international financial centres: the case of the City of London [J]. Money, Power, and Space, 1994: 327-355.

[55] TSCHOEGL A E. International banking centers, geography, and foreignbanks [J]. Financial markets, institutions & instruments, 2000, 9 (1): 1-32.

[56] XINWEI CHE, et al. Property Prices and Bank Lending: Some Evidence from China's Regional Financial Centres. Procedia Computer Science, Volume4, 2011: 1660-1667.

附　录

指标体系构建说明与数据来源

一、金融市场子指数

金融市场的发展是金融中心的关键所在，直接关系到现在的地位和将来的发展潜力，也是所有金融中心指数评价过程中不可或缺的一环。从理论上讲，金融中心最直接的表现是金融市场的规模，金融市场规模的扩大可以吸引更多的金融机构和金融从业人员，进行信息的低成本交流，形成规模经济收益。从政策上讲，国家会优先支持金融市场发达的地区建设金融中心，没有一定金融市场基础的金融中心，只能是一张“空头支票”。从实践上讲，世界上没有一个国家或一个城市的金融中心是没有金融市场支持的。在金融市场规模下，我们主要按不同金融行业分不同子市场进行考察。在细分的子市场中，主要包括信贷市场、货币市场、债券市场、股票市场和保险市场。除此之外，天府金融指数重点考察各类型资本市场的直接融资功能，加入当地的区域股权交易中心的挂牌公司数量、进行并购交易的企业数量和获得 PEVC 投资的公司数量。在对信贷市场、货币市场、债券市场、股票市场和保险市场五个基本的市场进行度量时，我们充分考虑了绝对量和相对量的平衡、存量和增量的平衡、数量和质量的平衡，还兼顾各地的创新服务的新兴市场。可以说，金融市场规模这个一级指标衡量了一个城市各个维度金融市场的发展情况。其他的如期货市场、外汇市场、黄金市场等子市场由于缺少地方参与规模的公开数据，我们只考虑了交易所可能会有失偏颇，所以并没有纳入金融市场的维度之中。此外，对于国内的金融中心建设，这些子市场的重要程度远远不如信贷市场、货币市场、债券市场、股票市场、保险市场和其他直接融资市场。金融市场子指标具有非常强的代表性。金融市场子指数指标体系见附表 1。

附表 1　金融市场子指数指标体系

金融市场指数		数据来源
信贷市场	存贷款总额	国家统计局
	存贷款总额占 GDP 比重	国家统计局
	小贷公司贷款余额	中国人民银行、中国金融学会
债券市场	信用债存量	Wind 资讯金融终端
	信用债发行量	Wind 资讯金融终端
股票市场	A 股上市公司数量	Wind 资讯金融终端
	上市公司新股发行募资总额	Wind 资讯金融终端
	上市公司市值占 GDP 比重	Wind 咨询金融终端、国家统计局
	上证＋深证证券交易额	上海证券交易所、深圳证券交易所
货币市场	辖内银行办理跨境人民币结算额	中国人民银行
	银行承兑汇票承兑累计发生额	中国区域金融运行报告
保险市场	保险密度	各市统计局
	保险深度	各市统计局
其他直接融资市场	区域股权交易中心的挂牌公司数量	Wind 资讯金融终端
	进行并购交易的企业数量	中国并购交易数据库
	获得 PEVC 投资的公司数量	中国 PEVC 数据库

二、金融机构子指数

金融机构是金融市场的参与主体，也是金融中心建设的重要主体，多样化、富有竞争力的金融机构是金融中心发展的关键。从理论上讲，金融中心是金融资源的聚集地，最突出的体现是在金融机构的聚集上面，金融机构的数量越多、种类越全、质量越高，就越能更好地发挥金融中心的辐射作用。从政策上讲，金融机构是各类金融政策传递的微观主体，理性的金融市场主体对于各类政策的实施具有重要的支撑作用。从实践上讲，金融机构的评价不能只关心数量、不看重质量，风控能力差、经营不稳健的金融机构的聚集可能对当地经济金融发展是一个灾难。因此，在天府金融指数中，金融机构的子指数不仅考虑金融机构的聚集效应，更注重金融机构的经营质量和水平，从金融机构的数量、规模、运行质量、风控质量和社会声誉方面进行评价。在金融机构的选择方面，包括商业银行、证券公司、基金、保险公司和其他金融中介。在评价体系的构建中，在传统考量资产规模、网点数量、盈利能力、风险因素的基础上，我们还增加了对于运营效率、发展潜力的考量。金融机构子指数不仅关注企业自身公布的数据，还依据外部评审和行业协会的数据进行评价，从“内一外”两个维度对金融机构的实力进行科学、全面的评价和考察。具体来说，对于商业银行，我们考虑了法人机构和非法人机构的数量及资产总和，同时对于当地的法人银行，还对它们的资产质量、风控能力和盈利能力进行考量。对于证券公司和保险公司，我们不仅考虑法人券商和保险公司的数量及资产规模，还对它们的盈利能力进行考量。对于基金，我们兼顾公募基金和私募基金，重点考虑管理的资产规模；而对于私募基金，管理资产规模没有披露的数据，我们用发行的产品数量进行替代。可以说，金融机构实力这个一级指标衡量了一个城市所有金融机构的竞争现状和发展潜力。金融机构子指数指标体系见附表2。

附表2　金融机构子指数指标体系

金融机构指数		数据来源
银行	银行业金融机构个数	中国人民银行、中国区域金融运行报告
	银行业金融机构资产总额	中国人民银行、中国区域金融运行报告
	本地法人银行个数	Bankscope 全球银行和金融机构分析数据库
	本地法人银行的资产总和	Bankscope 全球银行和金融机构分析数据库
	本地法人银行的贷款损失/总贷款	Bankscope 全球银行和金融机构分析数据库
	本地法人银行的 ROAE	Bankscope 全球银行和金融机构分析数据库

续附表2

金融机构指数		数据来源
券商	本地法人券商个数	证监会
	本地法人券商总收入	各个证券公司披露的财报（合并报表）
	本地法人券商的ROE	各个证券公司披露的财报（合并报表）
保险	本地法人保险机构数量	保监会
	本地法人保险机构ROE	中国保险统计年鉴
	本地法人保险机构资产总额	中国保险统计年鉴
资产管理	本地法人公募基金管理个数	中国证券投资基金业协会
	本地法人公募基金管理资产规模	中国证券投资基金业协会
	本地法人阳光私募基金发行产品个数	中国证券投资基金业协会
	本地法人阳光私募基金个数	中国证券投资基金业协会
其他	30强会计师事务所数量	中国会计视野
	百强资产评估机构数量	中国资产评估协会

三、从业环境子指数

在从业环境这个子指数中，根据GFCI的调查，金融的从业环境与金融中心的排名具有最紧密的联系，虽然在一个国家内税收和监管政策差距不大，但金融从业环境依然是金融中心评价的重要组成部分。从理论上讲，从业环境是金融中心发展中的重要的“向心力”和“离心力”，尤其是随着交通的发展和互联网络的发展，大家对从业环境越来越看重。从政策上讲，各地在金融中心发展浪潮涌起的时候，各地金融机构开始选择去一些二线城市开设子公司，其中最重要的两点是当地的政策支持和从业环境。从实践上讲，金融作为一个极度轻资产的行业，最重要的就是金融人才，没有人才的公司和市场只是一个空架子，从业环境是吸引资金和人才的核心。我们从基础设施、城市环境、制度环境和经济环境四个方面进行评价。基础设施是比较基本的评价指标，主要包括轨道交通、医院医疗和信息设备。

在轨道交通方面，我们充分考虑金融人才对基础设施的要求，在交通上没有考虑大家通常使用的公交车、公路交通和铁路的数据，而是选择地铁、出租车、机场和快递的数据进行测评。因为金融人才并不会常常乘坐火车和公交车，所以这个方面的测评更具有现实性。在医院医疗方面，我们同样不会只关注数量，还会关注质量，尤其是加入了医师日均负担诊疗人数来对时间成本进行考量。在信息设备方面，我们同样是考量了金融行业的特殊性，使用移动电话、互联网和长途光缆作为评价指标，没有选择固定电话、传真机、ATM机等老化指标。我们在城市环境方面也进行了多方面的考量，选择了环境空气质量综合指数、市区绿化覆盖率、突发环境事件数目、城市区域环境噪音监测等效声级四个指标。在制度环境方面，我们选择了国家级试验区、司法文明指数总得分、市场化指数、中国城市商业信用环境指数作为代理变量。经济环境是当地金融发展的基础和根本，一座城市的经济环境的提升可以产生“1+1>2”的效果，经济环境的提升还可以产生“虹吸效应”，不仅可以吸引周边地区的资本、资源和人才，还可以吸引优质产业和大企业的集聚。因此，本报告选择了GDP、第三产业增加值占比、人均GDP、外商直接投资实际使用金额、货物进出口总额、城镇职工基本养老保险参保比例、城镇职工基本医疗保险参保比例、政府财政支出占GDP比重、财政收入与财政支出之比来衡量。可以说，金融从业环境这个一级指标衡量了一个城市金融发展所涉及的所有环境信息。从业环境子指数指标体系见附表3。

附表 3　从业环境子指数指标体系

从业环境指数		数据来源
基础设施	城轨交通运营线路长度	《城市轨道交通 2016 年度统计和分析报告》
	市区年末实有出租汽车数量	国家统计局
	机场旅客吞吐量	中国民用航空局
	规模以上快递业务量	国家邮政局
	每百人医院、卫生院床位数量	国家卫计委、国家统计局
	每千人执业医师数	国家卫计委
	医师日均负担诊疗人数	国家卫计委
	人均移动电话数	中国城市统计年鉴、工业和信息化部、国家统计局
	互联网宽带接入用户占比	工业和信息化部
	长途光缆线路长度与城市道路长度比值	国家统计局、交通部
城市环境	环境空气质量综合指数	环境保护部、国家统计局
	市区绿化覆盖率	环境保护部、国家统计局
	突发环境事件数目	环境保护部、国家统计局
	城市区域环境噪声监测等效声级[dB(A)]	环境保护部、国家统计局
制度环境	国家级试验区（自贸区，国家级金融综合改革试验区，国家综合配套改革试验区）	国务院、国家发改委、科技部
	司法文明指数总得分	中国司法文明指数报告
	市场化指数	中国分省市场化指数报告
	中国城市商业信用环境指数	中国城市商业信用环境指数报告
经济环境	GDP	国家统计局、中国城市统计年鉴
	第三产业增加值占比	国家统计局、中国城市统计年鉴
	人均 GDP	国家统计局、中国城市统计年鉴
	外商直接投资实际使用金额	国家统计局、中国城市统计年鉴
	货物进出口总额	国家统计局、中国城市统计年鉴
	城镇职工基本养老保险参保比例	国家统计局、中国城市统计年鉴
	城镇职工基本医疗保险参保比例	国家统计局、中国城市统计年鉴
	政府财政支出占 GDP 比重	国家统计局、中国城市统计年鉴
	财政收入/财政支出	国家统计局、中国城市统计年鉴

四、人力资源子指数

在人力资源方面，如果说金融从业环境是金融中心发展的软实力，那么金融人力资源毫无疑问是金融中心发展的硬实力。金融是一个轻资产的服务型行业，人才就是竞争力的体现，对人才的吸引和培养则是金融中心立足发展的关键。从理论上讲，金融人才是最重要的供给因素，是金融集聚的重要体现，是每一个金融市场发展不可或缺的因素。金融人才的集聚和质量的提升还可以带来信息质量的提升，对一个金融中心也是至关重要的因素。从政策上讲，各地发展金融中心都不可或缺地提出了吸引金融人才的政策，这是建设金融中心的关键所在。从实践上讲，金融人才的聚集是金融中心发展和成熟的标志，金融中心的成立可能是由于路径依赖和蝴蝶效应，也可能是由于政策的推动，但是如果没有金融人才的聚集，这个金融中心不可能有进一步的发展空间，而会逐渐地衰落。天府金融指数从人力资源数量、人力资源质量、人力资源基础和人力资源潜力进行评估。从业人员的数量是最直接衡量金融人力资源的指标，我们在考虑数量的同时兼顾质量的考量。人力资源基础包括了从小学、中学到高等教育的各个阶段，还尤其考虑了经济学相关领域的高等教育情况。在人力资源潜力方面，我们重点考察了从业阶段人员不断提升自己人力资本的能力，包括每百人公共图书馆藏书、每百人教育支出、城市公共图书馆个数。可以说，金融人力资源这个一级指标衡量了城市对金融人才的吸引、培养和配置的方方面面。人力资源子指数指标体系见附表 4。

附表 4　人力资源子指数指标体系

人力资源指数		数据来源
人力资源数量	金融行业从业人员数量	国家统计局、中国城市统计年鉴
	教育行业从业人员数量	中国城市统计年鉴
人力资源质量	博士毕业人员数量	国家统计局、科技部
	大专以上人口占总人口比重	国家统计局
人力资源基础	全国百强高中	教育部
	“双一流”建设高校数量	教育部
	经济学排名前十的高校数量	教育部
	高等学校在校生数量	国家统计局、中国城市统计年鉴
	普通中小学人均教师数量	国家统计局、中国城市统计年鉴
人力资源潜力	每百人公共图书馆藏书	国家统计局、中国城市统计年鉴
	每百人教育支出	国家统计局、中国城市统计年鉴
	城市公共图书馆个数	国家统计局、中国城市统计年鉴

五、科技金融子指数

科技金融应该发挥的最主要作用是解决科技创新的资金投入和风险分担问题，包括对初创企业的投融资支持、高新技术企业的金融服务、科技创新与金融资本的结合、科技创新风险的分散分担和化解。从理论上讲，科技金融的发展主要体现在需求方面，当地有科技企业对金融服务有特殊的需求，需要提供相应的服务来进行满足。通常情况下，科技企业资金需求量大、可供抵押的资产较少，如何创新性地满足需求是科技金融发展的关键。从政策上讲，我国很早就有文件提出要为初创企业提供金融服务，解决他们融资难、融资贵的问题。从实践上讲，各地纷纷提出要建立科技金融中心，杭州、武汉、深圳、成都都有自己创新的模式来解决当地科技企业的融资问题，如何客观地建立统一的标准来评价，是一个实践问题。天府金融指数从科技金融基础和科技金融发展来进行科技金融维度的评价。科技金融基础是当地开展和从事科技金融业务的基础，是科技金融业务发展的需求和潜力，包括科学技术支出占财政支出比重、专利授权数量、研究与试验发展经费支出占 GDP 比重、研究与试验发展（R&D）人员数量、高新技术企业数量、高新技术企业总收入、高新技术产业投资额。科技金融发展是指当地现阶段科技金融业务发展规模，包括科技类企业 A 股上市公司家数和市值、科技类企业进行并购交易的数量、科技类企业获得 PEVC 投资的数量、军民融合上市公司个数、军民融合上市公司利息支出占借款总额比重、军民融合上市公司借款总额占总负债比重。可以说，科技金融这个一级指标衡量了一个城市开展科技金融业务的现状和潜力。科技金融领域的科技贷款是衡量科技金融发展的重要指标，但是并没有公开数据可以查找，所以指标体系中并没有涉及。对于科技金融来讲，科技贷款的业务可能并没有那么重要。科技型企业的风险较高、没有足够的抵押品，单独的银行贷款难以通过银行审核，常常是需要“投贷联合”或者“贷款＋担保”的模式，这在指标体系的其他方面会有所体现。科技金融子指数指标体系见附表 5。

附表 5　科技金融子指数指标体系

科技金融指数		数据来源
科技金融基础	科学技术支出占财政支出比重	中国城市统计年鉴
	专利授权数量	中国科技统计年鉴
	研究与试验发展经费支出占 GDP 比重	国家统计局、科技部
	研究与试验发展（R&D）人员数量	国家统计局、科技部
	高新技术企业数量	科技部
	高新技术企业总收入	科技部
	高新技术产业投资额	国家统计局、科技部

续附表5

科技金融指数		数据来源
科技金融发展	科技类企业A股上市公司数量	国家统计局、Wind资讯金融终端
	科技类企业A股上市公司市值	国家统计局、Wind资讯金融终端
	科技类企业进行并购交易的数量	中国并购交易数据库
	科技类企业获得PEVC投资的数量	中国PEVC数据库
	军民融合上市公司个数	国家统计局、Wind资讯金融终端
	军民融合上市公司利息支出占借款总额比重	国家统计局、Wind资讯金融终端
	军民融合上市公司借款总额占总负债比重	国家统计局、Wind资讯金融终端

六、绿色金融子指数

在绿色金融方面，我们主要参考了国务院发布的《生态文明体制改革总体方案》中有关“构建绿色金融体系”的相关举措，来搭建绿色金融的指标体系。从理论上讲，绿色金融的发展主要体现在需求方面，当地有环保公共服务类企业对金融服务有特殊的需求，需要提供相应的服务来进行满足。这些企业一般都具有一定的公益性质，跟政府城市项目有密切关系，可以改善当地的生态环境水平，有利于经济的可持续发展。但是公益类型的项目通常难以获得有效、足够的资金支持，需要创新金融服务模式来满足这些企业的融资需求。从政策上讲，国务院在多个文件中指出，金融要服务于经济的可持续发展，多个城市也出台了相应的规划来响应国家的战略。从实践上讲，绿色金融在落地时出现了多种生态，如政府担保下的绿色贷款、在银行间市场发行的绿色债券、各地的碳金融交易平台。天府金融指数中的绿色金融子指数主要从绿色金融基础和绿色金融发展两个方面进行评估。绿色金融基础主要是指当地发展绿色金融的迫切程度和开展难度，包括生活垃圾无害化处理率、污水处理厂集中处理率、人均用水量（立方米）、环境保护系统年末机构总数、城市道路交通噪声监测情况——

路段超标率等；而绿色金融发展是指目前绿色金融业务的开展情况，包括环保公共服务类企业A股上市公司数量和市值、环保公共产业企业进行并购交易的数量、环保公共产业企业获得PEVC投资的数量、绿色债券发行额、碳排放配额累计成交额、CCER累计成交量、本级环保能力建设资金使用总额、环境污染治理投资占GDP比重等。可以说，绿色金融这个一级指标衡量了一个城市开展绿色金融业务的现状和潜力。绿色金融子指数指标体系见附表6。

附表6 绿色金融子指数指标体系

绿色金融指数		数据来源
绿色金融基础	生活垃圾无害化处理率	中国城市统计年鉴、环保部
	污水处理厂集中处理率	中国城市统计年鉴、环保部
	人均用水量/立方米	国家统计局、环保部
	环境保护系统年末机构总数	国家统计局、环保部
	城市道路交通噪声监测情况——路段超标率	国家统计局、环保部
绿色金融发展	环保公共服务类企业A股上市公司数量	国家统计局、Wind资讯金融终端
	环保公共服务类企业A股上市公司市值	国家统计局、Wind资讯金融终端
	环保公共产业企业进行并购交易的数量	中国并购交易数据库
	环保公共产业企业获得PEVC投资的数量	中国PEVC数据库
	绿色债券发行额	Wind资讯金融终端
	碳排放配额累计成交额	碳排放交易网
	CCER累计成交量	四川环交所
	本级环保能力建设资金使用总额	国家统计局、环保部
	环境污染治理投资占GDP比重	国家统计局、环保部

七、文化金融子指数

文化产业和金融资本的相关性日益增强，受制于文化产业的特性，文化金融发展的重点体现在两个方面：一是文化产业的内容吸引上；二是金融资本对文化产业的融资满足。从理论上讲，文化金融的发展主要体现在需求方面，当地有文化产业类企业对金融服务有特殊的需求，需要提供相应的服务来进行满足。文化产业由于其行业的特殊性，以商标、著作权等无形资产作为主要的资产和竞争力，并且未来的盈利能力和收入水平具有一定的不可预测性，需要金融机构创新金融服务来满足这一类型的企业进行融资服务。文化金融的指标体系构建主要是围绕两个方面，即文化金融的基础和文化金融的发展。文化金融的基础是指当地从事和开展文化金融业务的基础，包括文化产业的市场规模、文化产业的发展环境和进一步发展的空间潜力，具体指标包括PC浏览量占比、2018年电影票房收入、4A级景区数量、文化市场经营机构数量、出版物发行机构数量、公共财政文化体育与传媒支出、城镇居民人均文教娱乐现金消费支出占人均可支配收入比重等；而文化金融的发展是指目前当地文化金融业务的开展情况，包括文化产业企业A股上市公司数量和市值、文化产业企业进行并购交易的数量、文化产业企业获得PEVC投资的数量、文化产业本年完成投资额等。可以说，文化金融这个一级指标衡量了一个城市开展文化金融业务的现状和潜力。文化金融子指数指标体系见附表7。

附表7 文化金融子指数指标体系

文化金融指数		数据来源
文化金融基础	PC浏览量占比	Wind资讯金融终端
	2018年电影票房收入	新浪四川咨询
	4A级景区数量	国家旅游局
	文化市场经营机构数量	国家统计局、文化部
	出版物发行机构数量	国家统计局、文化部
	公共财政文化体育与传媒支出	国家统计局、财政部
	城镇居民人均文教娱乐现金消费支出占人均可支配收入比重	国家统计局、中宣部

续附表7

文化金融指数		数据来源
文化金融发展	文化产业企业A股上市公司数量	国家统计局、Wind资讯金融终端
	文化产业企业A股上市公司市值	国家统计局、Wind资讯金融终端
	文化产业企业进行并购交易的数量	中国并购交易数据库
	文化产业企业获得PEVC投资的数量	中国PEVC数据库
	文化产业本年完成投资额	国家统计局、文化部

八、农村金融子指数

中国是世界上国土面积第三大、耕地面积第四大的国家，农业是中国经济的根基和命脉。从理论上讲，金融可以服务于经济的转型和发展，随着中国的城镇化和新型农村的建设，农民和农业金融机构也有许多对金融服务的需求，需要金融机构创新金融服务方式来满足这方面的需求。从政策上讲，党的十九大提出实施乡村振兴战略，可见国家对于农村、农民的重视程度。2010年开始，国家便积极尝试农村金融的服务方式，要求各地积极探索。从实践上讲，各地对于因地制宜发展农村金融都有极具建设性的成效，黑龙江、四川、山东、重庆、深圳等地区都有着极具特色的农村金融发展模式。天府金融指数中的农村金融子指数主要从农村金融基础和农村金融发展来考察，前者主要是指当地开展和从事农村金融业务的基础和发展潜力，后者主要是指当地开展农村金融业务的具体发展情况。农村金融基础的具体指标包括第一产业增加值、农用机械总动力、镇区及乡村消费品零售额占全社会消费品零售额的比重、农村居民个人固定资产投资完成额。农村金融发展的指标主要包括农业及相关服务业企业A股上市公司数量和市值、小型农村金融机构从业人数和资产规模、新型农村金融机构从业人数和资产规模。农村金融子指数指标体系见附表8。

附表 8 农村金融子指数指标体系

农村金融指数		数据来源
农村金融基础	第一产业增加值	国家统计局
	农用机械总动力	国家统计局、农业部
	镇区及乡村消费品零售额占全社会消费品零售额的比重	国家统计局、国家粮食局
	农村居民个人固定资产投资完成额	国家统计局、国家粮食局
农村金融发展	农业及相关服务业企业 A 股上市公司数量	国家统计局、Wind 资讯金融终端
	农业及相关服务业企业 A 股上市公司市值	国家统计局、Wind 资讯金融终端
	小型农村金融机构从业人数	中国区域金融运行报告
	小型农村金融机构资产规模	中国区域金融运行报告
	新型农村金融机构从业人数	中国区域金融运行报告
	新型农村金融机构资产规模	中国区域金融运行报告